Islam für Kinder

Andrea Mohamed Hamroune

Auflage 1/ April 2019
Coverbild: 123rf, Suryadi Djasman Kartodiwiryo
Covergestaltung: Andrea Mohamed Hamroune
Herstellung und Verlag
Books on Demand, Noderstedt
ISBN: 978-3-7322-4097-5

Inhaltsverzeichnis

Vorwort 7
Islam und Muslim 8

I Die Moschee 10
Die drei wichtigen Moscheen 23

II Die Masjid alHaram in Mekka 23
- Der Zamzam-Brunnen 27
- Die Geburt des Propheten 29
- Die goldene Tür der Kaaba 32
- Der Berg des Lichts 34
- Die Kaaba in der Zeit nach der Auswanderung 36
- Die große Pilgerfahrt 42

III Die Moschee des Propheten 44
- Al Baqi- Der Friedhof bei der Moschee des Propheten 48

IV Die Al Aqsa Moschee 50

Der Islam, meine Religion 56
- Moses 60

- Jesus   64
- Muhammad   70
- Der Glaube an das Schicksal   77
- Der Glaube an den Tag der Auferstehung   81
- Der Glaube an die Engel   84
- Der Glaube an den einzigen Gott   88

Der Gottesdienst   91
- Das Gebet   94
- Die Zakat   101
- Das Fasten im Monat Ramadan   112
- Die Pilgerfahrt nach Mekka   124

Orte der Geschichte   136

Weitere Besuche
- Der Berg von Uhud   137
- Die Kamelfarm   142

Nachwort   145
Quellennachweis   146

Vorwort

Ich bin eine Mutter und Muslima und richtig wissen, was für Kinder wichtig ist, wenn sie den Islam kennenlernen wollen, tu ich nicht.

Der Islam ist groß und eigentlich ist ein Kind immer das, was die Eltern auch sind. Man ist so geboren oder wird erst ein Gläubiger; einer, der sich aufmacht, um sich zu überzeugen oder überzeugen zu lassen oder jemand, der egal was man ihm erzählt, ein Ungläubiger oder Gottloser bleibt.

Was auch immer: Wir alle sind Menschen und das Wichtigste, was uns der Prophet Muhammad, Friede und Segen auf ihn, mitgegeben hat, ist, dass man entweder überzeugt (ist) oder nicht. Nicht jeder kann Muslim sein, auch nicht, wenn die Eltern überzeugt sind an das Richtige zu glauben und das Richtige zu machen.

Ich möchte mir und Euch die Frage stellen, was am wichtigsten ist, um den Islam kennenzulernen, wenn man noch klein ist.

Als Kind sieht man die Mutter mit Kopftuch rumlaufen, den Vater beten und in die Moschee gehen. Man bekommt einige Dinge verboten, die von wo auch immer ihr Gesetz haben.

Woher kommen die Gesetze und wer hat sie gemacht?

Was ist der Quran und was ist eine Moschee?

An was glaubt ein Muslim?

Was ist ein Gottesdienst oder welche Gottesdienste gibt es?

Wer war der Prophet Muhammad, Friede und Segen auf ihn?

Muslim oder nicht Muslim? Was sind die Voraussetzungen, um wirklich den Islam annehmen zu können?

Islam und Muslim

Diese zwei Worte gehören zusammen. Islam bedeutet Gottergebenheit und ein Muslim ist jemand, der sich Gott unterwirft. Es gibt nur einen Gott.

Wenn mein Kind fünf Jahre alt ist und ich sage ihm, er ist Muslim, ist er der gleiche

Held, als wenn ich zu ihm sage, er ist Feuerwehrmann. Eltern machen aus Kindern das, was sie gerne in ihm sehen. Zweifellos ist jeder mit dem natürlichen Glauben an den einzigen Gott geboren, jedoch diese Überzeugung zu halten, bedarf es einem Weg der Aufnahme von Wissen. Glauben muss gleichbedeutend sein mit Überzeugung.

Ein Kind, das niemals selbst entschieden hat, redet das, was die Eltern sagen, nach. Erziehung ist Überzeugung und das Leben, so wie man sich bewegt und was man macht. Das Glaubensbekenntnis kann ich auch als Kind sagen, jedoch muss es, um gültig sein, islamisch reif sein. Das bedeutet, es hat das Pubertätsalter erreicht, ist geistig gesund und kennt den Islam.

I Die Moschee

Das ist der Ort, wo die Kinder hin müssen, wenn sie zur Arabischen-Schule geschickt werden. In der Moschee wird den Kindern Arabisch Lesen und Schreiben beigebracht, nur keine Grundlagen über das Wissen in der Religion. Obwohl die Prophetengeschichten sehr interessant sind, die Feste der Muslime, die Gottesdienste und die Glaubensgrundlagen.

Wenn die Medien also davon berichten, dass die Kinder in einer Moschee salafistisch erzogen werden, dann ist das Übel die falsche Berichterstattung aber nicht der Unterricht in einer Moschee.

Den Quran auswendig zu lernen und ihn zu rezitieren, das machen die Kinder. Es geht nur darum, ihn runterzuleiern, auch bei arabischen Kindern ist es so, auch wenn sie die Sprache verstehen.

Der Quran ist nicht ganz so einfach und nur weil man einen Satz verstanden hat als Text, bedeutet es noch lange nicht den Hintergrund zu kennen, warum die Offenbarung herabgesandt wurde und wann. Gesetze, Glaubensgrundlagen, das Leben nach dem Tod, das Diesseits, Prophetengeschichten und und und.

Ich bin der Meinung, dass man Salaf(ismus) immer wieder neu erklären muss, da dieses Wort nur dafür erfunden wurde, um aus Muslimen ein Feind des normalen Daseins zu machen.

Die Salaf waren die Vorfahren, die uns die Sunna des Propheten mittels Hadithen übermittelt haben. Es waren die Helfer oder die Auswanderer[1]. Die Sunna ist das, was der Prophet gemacht, gesagt oder wozu er geschwiegen hat,- die zweite Rechtsquelle des Islams. Die erste Quelle ist der Quran.

Es gibt kein Muslim der Welt, der sich auf andere Quellen bezieht. Diese Quellen sind dazu da, um uns den Weg der Rechtleitung anzuzeigen. Was man darf, was verboten ist, was nicht gern gesehen wird und auch das, wofür man bestraft

---

[1] Die Sahaba, Begleiter des Propheten, Friede und Segen auf ihn.

wird.

Nun, wir gehen also in die Moschee. Es ist Samstag oder irgendein anderer Tag in der Woche. Die Kinder gehen los, haben normale Kleidung an. Man muss sich nicht besonders schick machen, um in die Moschee zu gehen, nur sauber sein müssen die Sachen und man selbst sollte gut riechen. Möglichst nach guter Seife und ohne vorher Knoblauch oder Zwiebeln gegessen zu haben.
Bei den Kindern ist es nicht so wie bei den Erwachsenen. Kinder werden gemeinsam unterrichtet von einer Lehrerin meistens. Bei den Erwachsenen ist es der Imam. Die Männer sitzen im Hauptgebetsraum und die Frauen haben ihren Bereich. Ich hab mich das erste Mal, als ich in eine Moschee wollte, geschämt, da ich nicht wusste durch welche Tür ich musste, denn es gibt kein Schild vorne dran, ob für die Frau oder den Mann. Das Ganze erinnerte mich an Toilette und daher wurde es mir unangenehm. Aber zum Glück kommen

noch mehr Frauen und wenn es die falsche Tür ist, wird man da hingeleitet, wo man hin muss. Also das ganz normale Leben, ohne Zirkus. Wenn man reingehen will, also durch die Tür kommt, sagte man Bismilillah (im Namen Allahs), und zieht sich die Schuhe aus. Allerdings werden das die Kinder nicht machen, da sie zum Unterricht gehen und nicht zum Gebet.

Kinder haben eine andere Vorstellung von Orten, Sein oder nicht Sein. Die gehen in die Moschee, als ob sie in ein Jugendzentrum gehen und das Wichtigste ist nicht das, was die Lehrerin sagt oder die Hausaufgaben, sondern eher, was der Nachbar macht oder wie man sich in der Pause mit Flaschen beworfen hat. Ganz besonders wichtig sind auch die Brote, die man gekauft bekommt.

Da nun meine Kinder Deutsche sind und auch nur Deutsch sprechen, verstehen sie die Lehrerin nicht, nicht, was geschrieben wird und Schreiben ist eher malen. Besonders, da es von rechts nach links ist, kommen sie durcheinander und

fangen an, ihren Namen andersrum zu schreiben. Nicht so wie wir, von links nach rechts.
Egal wie lange die Kinder dort zur Schule gingen, es kam nie was bei raus, aber hin mussten sie.
- So viel zum Thema Salafismus, Islamismus und Radikalisierung.
Ich gehe davon aus, dass die Kinder, wenn sie in der Regelschule Ethik haben, mehr über die Religion des Islams lernen als je in einer Moschee. Damit haben wir eine schlechte Konstellation.
Gut wäre, wenn alle Kinder etwas über den Islam erfahren und die Kinder, die in die Moschee gehen, auch dort unterrichtet werden. Nur gibt es keine ausgebildeten Lehrer, weder in der Schule noch in der Moschee, geschweige denn Lehrmaterial.
Bei den Erwachsenen ist es etwas anders. Da in den Moscheen Unterrichte abgehalten werden, geht es nicht nur um Glaubensinhalte und Gottesdienste, sondern auch darum, was ein Muslim in bestimmten Situationen tun muss. Das

bedeutet, es werden schariale Themen unterrichtet, die aber nichts mit Radikalisierung zu tun haben, sondern eher als die Aufnahme oder Weitergabe des Kulturverständnisses der Gläubigen sind. Das kann z.B. sein, wie man islamisch heiratet und sich einen Ehepartner sucht, oder was dafür notwendig ist, um rechtmäßig verheiratet zu sein.

Aber ich möchte weiter gehen in meinem Rundgang.

Ich komme nun in den Hauptgebetsraum, dahin, wo die Männer beten und sehe vorne im Raum eine Gebetsnische (arab. Mihrab). In dieser Gebetsnische ruft der Muezzin den Gebetsruf aus und der Imam betet an dieser Stelle später den Gläubigen vor.[2] Ein Imam ist ein Vorbeter und ein Gelehrter. Das Mihrab ist in Richtung Mekka ausgerichtet, dahin, wo die Kaaba steht[3].

Der erste Gebetsrufer war ein Mann

---

[2] Früher machte man das vom Minarett aus, den Türmen der Moschee

[3] Qibla auf Arabisch.

namens Bilal ibn Rabah. Er war ein Sklave und wurde von Abu Bakr in der mekkanischen Zeit freigekauft, nachdem er sah, dass Bilal einen schwarzen Stein auf den Bauch gelegt bekam. Er rief : „Einer, Einer!" Sein Herr Umayya wollte ihn bestrafen, da er Muslime hasste und ihm dem Glauben austreiben wollte. In der Schlacht von Badr tötete Bilal Umayya.

Nach der Auswanderung, als die Prophetenmoschee schon fertig war, beriet man sich, wie man zum Gebet rufen sollte.

Abdullah Ibn Zaid hatte einen Traum, in dem man die Worte des Gebetsrufes fand. Der ehemalige Sklave Bilal bekam die große Ehre als Gebetsrufer den Gebetsruf auszurufen.

Bilal rief von einem hohen Haus, nahe der Moschee des Propheten:

Allahu Akbar (Allah ist am Größten 4x)

Aschhadu an la ilaha illa Allah
(Ich bezeuge, dass es keinen Gott gibt außer Allah 2x)

Aschahadu anna Muhammadan rasulullah
(Ich bezeuge, dass Muhammad Sein Diener und Gesandter ist 2x)

Hayya alas Salat (komm her zum Gebet 2x)

Hayya alal Falah (komm her zum Erfolg 2x)

Allahu Akbar (Allah ist am Größten 2x)

la illaha illa Allah (es gibt keinen Gott außer Allah)

Zum Frühgebet fügte er noch an den Schluss: **Al salatu chairun minan Naum** (Das Gebet ist besser als der Schlaf)

Nicht immer hat man in Richtung Kaaba gebetet. Bevor man dazu kam, übrigens war es durch eine Offenbarung, betete man ich Richtung Jerusalem.
 „Jeder hat eine Richtung, der er sich (in seinen Gebeten) zuwendet. So wetteifert

miteinander in guten Werken. Wo immer ihr auch seid, Gott wird euch allesamt herbeiführen (am Tag des Gerichts); wahrlich, Gott hat Macht über alle Dinge. Und von wo du auch herkommst (um zu beten), wende dein Gesicht in Richtung der geschützten Gebetsstätte (der heiligen Moschee in Mekka); denn dies ist gewiss die Wahrheit von deinem Herrn.
Und Gott ist dessen nicht achtlos, was ihr tut."

(Quran 2:148-149)

„Und so machten Wir euch wahren Gläubigen an den islamischen Monotheismus, auf dass ihr Zeugen seiet über die Menschen und auf dass der Gesandte Zeuge sei über euch. Und Wir haben die Qibla (nach Jerusalem), nach der du dich bisher gerichtet hattest, nur gemacht, damit Wir denjenigen, der dem Gesandten folgt, von demjenigen unterscheiden, der auf seinen Fersen eine Kehrtwendung macht (d.h. dem Gesandten ungehorsam wird); und dies

war wahrlich schwer, außer für diejenigen, die Gott rechtgeleitet hat. Und Gott wird euren Glauben (und die Gebete, die ihr nach Jerusalem gerichtet habt) nicht vergeblich sein lassen; wahrlich, Gott ist gegenüber den Menschen Mitleidig, Barmherzig. „Wir sehen, wie dein Gesicht (o Muhammad) sich dem Himmel suchend zukehrt, und Wir werden dich nun zu einer Qibla wenden, mit der du zufrieden sein wirst. So wende dein Gesicht in Richtung der Al-Masjid al-Haram (der heiligen Moschee in Mekka), und wo immer ihr auch seid, wendet eure Gesichter in ihre Richtung..."
(Quran 2:143-144)

Der Prophet war sechzehn Monate in Medina, als er während eines Nachmittagsgebets die Aufforderung durch eine Offenbarung bekam, die Gebetsrichtungsänderung vorzunehmen. „Wende Dein Antlitz zu Masjid Al-Haram."

Die Masjid Al-Haram ist die große

Moschee in Mekka, wo in der Mitte die Kaaba steht. Diese Moschee ist auch die einzige Moschee, in der Frauen und Männer gemeinsam beten.

Aber wir gehen noch weiter und sehen eine Minbar.
Die Minbar ist ein erhöhtes Podest, auf dem der Imam steht, um am Freitag die Chutba (Predigt) hält. Man geht mit Treppen hoch. Das Ziel ist, dass jeder den Chatib (Prediger) sieht und auch hört möglichst. Heute gibt es Mikrophone, früher nutzte man eine Kuppel, um den Schall weiter zu tragen oder ein Dikr. Dikr sind eine Erhöhung mitten im Raum, auf der ein Mann steht und alles für die Gemeinde wiederholt, was der Chatib (Prediger) gesagt hat. Auch die Gebetsfolge wurde so weitergegeben.

In der Moschee befindet sich auch ein Waschraum, bei den Frauen und den Männern, in dem man sich für das Gebet vorbereitet und die rituelle Reinheit durchführt. Man nennt es Wu`du.

Die Moscheen sind mit Teppich ausgelegt, die eingeteilt sind in Nischen und in Richtung Mihrab zeigen. Es kann also sein, dass der Teppich sich nicht dem Raum anpasst, sondern quer liegt. Je nachdem wo die Qibla ist.

An den Wänden sind Kalligrafien (schöne arabische, verzierte Schrift) mit dem Namen Allahs, gepriesen und erhaben sei er, und Muhammad, Friede und Segen auf ihn. In dem Raum befinden sich Bücherregale, aus dem man den Quran lesen kann.

Bei den Frauen ist es etwas anders. Hier ist der Raum auch mit Teppich ausgelegt in Richtung Qibla, nur hat der Raum einen Fernseher und einen Lautsprecher, damit die Frauen der Predigt und dem Gebetsverlauf des Imams folgen können.

Das Wort Moschee bedeutet „Ort der Niederwerfung". Somit kann dieser Ort überall sein, außer auf dem Klo, in einem Schlachthof, auf dem Friedhof, der Metzgerei oder dem Müllplatz. Das Ziel einer Moschee ist, einen gemeinsamen Treffpunkt zu haben, sich zu unterhalten und zu besprechen, Unterrichten zu folgen. In manchen Moscheen gibt es einen kleinen Laden, in dem man Lebensmittel und Bücher kaufen kann.

Die drei wichtigen Moscheen

Abu Huraira berichtete, dass der Prophet Folgendes befohlen hat: „Zum Beten dürft Ihr nur zu diesen drei Moscheen reisen: zur Al-Haram-Moschee, zur Moschee des Gesandten Allahs und zur Al-Aqsa-Moschee."
(Buchary)

II Die Masjid Al-Haram in Mekka

Der Prophet Muhammad, Friede und Segen auf ihn, ist in Mekka geboren. Mekka nannte man früher Bekka. So wird der Ort auch im Quran genannt.

„Und gedenkt, als Ibrahim die Grundmauern des Hauses errichtete, zusammen mit Ismael, (da beteten sie): „Unser Herr, nimm es von uns an, Du bist

ja der Allhörende und der Allwissende."
(Quran 2:127)

Das Wort Kaaba bedeutet übersetzt Würfel; die schwarze Bedeckung auf der Kaaba nennt man Kiswa. Die Kiswa wird ein Mal im Jahr am Tag von Arafa ausgetauscht und ist aus Brokat. Die Nähereien sind aus goldenen und silbernen Fäden, auf denen Kalligraphien quranischer Verse stehen. An der Kaaba befindet sich der schwarzer Stein, der ein Meteorit sein soll. Früher war er einmal weiß, aber durch die Sünden der Menschen ist er schwarz geworden.

Wenn man den Innenhof der Masjid Al-Haram betritt, kann man direkt auf die Kaaba sehen. Es ist ein wichtiger Pflichtteil bei dem Besuch, die Kaaba zu umrunden. Man fängt dabei bei dem schwarzen Stein an, läuft entgegengesetzt dem Uhrzeigersinn, sieben Mal um die Kaaba.

(1) Hatim (Marmormauer)
Dazwischen liegt der **Hidschr** (freie Platz), an dem Islmael und seine Mutter Hager begraben worden sind.
(2) Die goldene Tür
(3) Die Kiswa (Bedeckung)
(4) Die Abrahamstätte erinnert an den Propheten Abraham (arab. Ibrahim), als er einen Felsen bestieg, um die Teile des Gebäudes zu vervollständigen. In dem Felsen sind zwei Fußspuren.
(5) Der schwarze Stein

Um die Kaaba ranken sich Geschichten aus der Biografie des Propheten Muhammad, Friede und Segen auf ihn. Man nennt die Kaaba auch das Haus Gottes (arab. bait Allah). Der Innenraum der Kaaba lässt sich begehen, wird aber nur zu zwei Tagen im Jahr geöffnet, um sie zu säubern. Man nennt diesen Raum den „Buße-Raum". Es sind drei Säulen drin, um die Decke zu stützen.
Im Norden liegt die irakische Ecke, im Westen die syrische Ecke und im Süden die jemenitische Ecke.

Die Kaaba ist ein Wallfahrtsort für die Muslime, die im Gedenken an den Propheten und Gott ein wichtiger Gottesdienst ist. Die Umra ist die freiwillige Besuchsfahrt und die Hadsch die Pflichtpilgerfahrt, die man mindestens ein Mal im Leben durchführen soll, wenn man den Weg dahin findet, gesund ist und über die finanziellen Mittel verfügt, die nur aus erlaubter Quelle kommen dürfen.

Wenn man sich mit der Kaaba befasst, ist die Sira des Propheten wichtig, der Zamzam-Brunnen und damit auch wieder der Prophet Abraham.

Der Zamzam-Brunnen

Abrahams erste Frau hieß Sara. Da Sara aber keine Kinder bekam, nahm Abraham sich eine Zweitfrau. Sie hieß Hagar und war eine Sklavin. Hagar gebar Ismael.

Als Sara anfing, eifersüchtig zu werden, brachte Abraham Hagar und Ismael in die Wüste, in das Tal von Mekka, und auf Befehl Gottes ließ er beide dort zurück. Er versprach ihnen dort Versorgung durch Gott.

Nach einiger Zeit gingen Vorräte und Wasser zur Neige, sodass Hagar nervös zwischen den Hügeln Safa und Marwa umherlief. Als sie nach dem siebten Mal zurück zu Ismael kam, sah sie ihn eine Quelle freigeschürft haben. Sie rief: „Zummi, zummi!", was so viel wie „zusammen-ferchen" heißt und schöpfte

das Wasser in einen Krug.
Da es nun durch den Zamzam-Brunnen Wasser gab, kamen auch Vögel und der Stamm Gurhum wurden dadurch aufmerksam. Nach einiger Zeit ließen sie sich um Hagers Lager nieder. Karawanen kamen, um ihre Tiere zu tränken und Handel zu treiben, sodass Hagar in guter Versorgung lebte.

Obwohl Sara schon zu alt war, gebar sie Abraham den Sohn Isaak.

Das Trinken des Zamzam-Wassers ist sehr beliebt und ein wichtiger Bestandteil des Besuchs. Die Hügel Safa und al-Marwa sind ein Teil der Masjid Al-Haram und auch hier ist es eine Pflicht, den Spuren der Vergangenheit zu folgen und den Weg zu gehen, den Hagar ging, auf der Suche nach Wasser, um ihrem Sohn Ismael etwas zu trinken zu geben.

Die Geburt des Propheten

Es war im Jahr 570 n.Chr., als der Statthalter Abraha des Königs von Abessinien im Jemen in der Stadt Sanaa beschloss, eine Kathedrale zu bauen. Zu dieser Zeit unterlag Jemen dem Herrschaftsgebiet Abessiniens, dem heutigen Äthiopien, und war ein christliches Land. Er nannte seine Kathedrale Qulays.

Abraha erhoffte sich durch einen Prachtbau, die Pilger, die nach Mekka zogen, um die Kaaba zu besuchen, abzuwerben.

Als die Pilgerzeit begann und er sah, dass die Pilger trotz aller Schönheit seines Baus den Einzug nach Mekka bevorzugten, wurde er sehr wütend. Er machte sich mit einem sechzigtausend Mann starken Heer und zweiundzwanzig Elefanten auf, in der Absicht die Kaaba zu zerstören.

Nufal Ibn Habib, ein Gefangener Abrahas, den er als Heeresführer einsetzte, ging zu Mahmud, dem Elefanten und flüsterte ihm zu: „Knie nieder, o Mahmud, oder gehe dorthin zurück, wo Du hergekommen bist, denn Du bist in Allahs heiligem Land."

Unterwegs zerstörte Abraha rücksichtslos alles, was ihm in den Weg kam und stahl viele Tiere. Unter anderem auch zweihundert Kamele von Abdul Muttalib[4].

Als Abdul Muttalib dies merkte, ging er mit einem seiner Söhne zu Abraha, um die Herausgabe seiner Tiere einzufordern.

Abraha wunderte sich sehr, da er dachte, er würde ihn auch von dem Angriff auf die Kaaba abhalten wollen.

Abdul Muttalib erklärte nur: „Die Kaaba hat ihren eigenen Beschützer!"

Abraha gab ihm die Kamele heraus.

Als es nun losgehen sollte und das Heer sich zum Angriff vorbereitete, verweigerte der Elefant Mahmud den Gehorsam. Er kniete in Richtung Jemen und war auch durch heftige Schläge nicht dazu zu bringen, aufzustehen.

Er lief immer wieder in die entgegen-

---

[4] Abdul Muttalib war der Großvater des Propheten Muhammad, Friede und Segen auf ihn.

gesetzte Richtung, weg von Mekka.
Genau in diesem Moment kam ein riesiger Vogelschwarm auf die Männer zu und bewarf sie heftig mit Lehmklumpen. Einige Männer starben sofort, andere bei dem Versuch, Jemen wieder zu erreichen. Nur wenige Männer überlebten dieses Ereignis, um davon erzählen zu können.
Abraha starb unter entsetzlichen Schmerzen in seiner Burg in Jemen.

Zu diesem Ereignis sandte Gott die Sure "Der Elefant " herab.
„Siehst Du nicht, wie Allah mit den Leuten des Elefanten verfuhr, ließ er ihre List nicht verloren gehen und sandte gegen sie Vögel in auf einander folgenden Schwärmen,die sie mit Steinen aus gebrannten Lehm bewerfen und sie so wie abgefressene Halme macht."
(Quran 105: 1-5)

Da man zu dieser Zeit bestimmte Ereignisse nicht mit einer Jahreszahl verknüpfte, ging dieses Geschehnis zusammen mit der Geburt des Propheten als das „Jahr des Elefanten" in die Geschichte ein.

Zur gleichen Zeit trug es sich in Mekka zu, dass Amina ihren Sohn gebar. Es war eine leichte Geburt unter erträglichen Schmerzen.

Die goldene Tür der Kaaba

Lange bevor Muhammad, Friede und Segen auf ihn, geboren wurde, fand Abdul Muttalib den Zamzam-Brunnen wieder, mit dem die Pilger verköstigt wurden. Er wurde damals zugeschüttet, als der Götzendienst Oberhand in Mekka nahm.

Einer der Söhne Abdul Muttalibs, Al Harith, musste das Wasser von außerhalb Mekka holen. Abdul Muttalib tat dies leid und er wünschte sich den alten Brunnen für seine Söhne zurück.

In den darauffolgenden Nächten erschien ihm jeweils ein Engel und forderte ihn auf, nach Taiba (Süße

Reinheit) zu graben. Er kam wieder und forderte ihn auf, nach Barra (Reicher Überfluss) zu graben, beim letzten Mal sollte er nach Madnuna (Verborgener Schatz) graben. Als er dann nach Zamzam graben sollte, da beschrieb ihm der Engel auch den Ort, an dem er graben sollte.

So ging er nun ans Werk und fand zuerst die Opfergaben aus Gold. Die Quraisch bedrohten ihn. Unbeirrt grub Abdul Muttalib weiter. Er schwor bei Gott, einen zehnten Sohn zu opfern, als denn dieser die Vollreife erreichen würde, sodass er auch in Zeiten der Bedrängnis durch seine Söhne geschützt sein konnte. <u>Aus den gefundenen Gegenständen schmolz er den Schmuck für die Kaaba-Tür.</u>

Abdul Muttalib bekam einen zehnten Sohn und nannte ihn Abdullah[5]. Er erinnerte sich daran, das Versprechen gegenüber Gott erfüllen zu müssen. Er

---

[5]Abdullah war der Vater von Muhammad, Friede und Segen auf ihn.

loste zuerst den Sohn aus, den er opfern sollte und loste ihn dann weiter unter Kamelen aus. Erst als er dreimal probierte, war er sich sicher, die Kamele opfern zu können. Einhundert Kamele gab er damals für Abdullah her.

Der Berg des Lichts

Diesen Berg nennt man auf Arabisch den Dschabal an-Nur. Er ist nicht weit weg von der Kaaba und ein sehr wichtiger Ort, wenn es um den Propheten Muhammad, Friede und Segen auf ihn, geht. Auf diesem Berg befindet sich die Höhle Hira, in der Muhammad, Friede und Segen auf ihn, die erste Offenbarung erhielt.

Als Muhammad, Friede und Segen auf ihn, 40 Jahre alt war, zog er sich häufig in die Berge zurück. Er kam dort zur Ruhe, dachte viel nach und ging dort in sich. Manchmal hatte er Träume, die sich später bewahrheiteten.

Eines Tages jedoch erschien ihm eine Gestalt und forderte ihn eindringlich auf, zu lesen. Er bekam große Angst.

Als er zu Chadidscha zurückkam, sagte er: „Hülle mich ein, hülle mich ein!", und berichtete ihr von dem Geschehnis und von den Worten, die die Gestalt für ihn aussprach:

„Lies im Namen deines Herrn, der erschuf. Erschuf den Menschen aus einem Anhängsel. Lies, denn der Herr ist Allgütig. Der mit dem Schreibrohr lehrt, lehrt den Menschen, was er nicht wusste."
(Quran 96:1-5)

Der erste Satz, den der Engel Gabriel an den Propheten übermittelte, war nicht, Du sollst glauben und alle Menschen überzeugen, sondern zu lesen. Um lesen zu können, ist es nicht nur wichtig das Lesen zu beherrschen, sondern auch etwas zu haben, was man lesen kann. Der Prophet hatte und konnte weder das eine noch das andere. Es brauchte eine

Weile, bis der Prophet wusste, dass er ein Prophet war und göttliche Offenbarungen erhielt. Er hielt dies für einen Zauber und wartete lange, bis er der Engel Gabriel ihn wieder besuchte. Er erhielt die <u>Aufforderung</u>, sich zu erheben und die Menschen zu dem Glauben an den einzigen Gott aufzufordern. Erst als er soweit gefestigt war, zeigte ihm der Engel Gabriel, wie man sich für das Gebet wäscht (die rituelle Reinheit, Wu´du vollzieht) und betet. Die Erste, die er damit vertraut machte, war seine Frau Chadidscha.

Die Kaaba in der Zeit nach der Auswanderung

Es gibt in der Islamischen Zeitperiode zwei wichtige Pfeiler.
- Die mekkanische Zeit oder die medinensische Zeit
- Der Zeit vor der Hidschra (Auswanderung) oder die Zeit nach der Auswanderung.

Als Muhammad, Friede und Segen auf ihn, im Jahr 622 n.Chr. Mekka verließ, war Mekka in der Hand der Götzendiener. Die Kaaba war ein Wallfahrtsort für die Stämme drumherum, die hier ihren Götzen huldigten. Etwa 360 Götzen waren in der Kaaba und um die Kaaba verteilt.

In Medina etablierte sich Muhammad, Friede und Segen auf ihn, zum Führer der Gläubigen, wurde Kriegsführer, Religionslehrer, während Mekka in der Hand der Quraisch war, in Feindschaft und Argwohn den Muslimen gegenüber.

Es musste also etwas passieren, um die Kaaba überhaupt erst mal drei Tage besuchen zu dürfen.

Der Vertrag von Hudaibiya

Aufgrund eines Traumes fasste Muhammad, Friede und Segen auf ihn, im Jahr 628 n.Chr. den Entschluss, für eine Umra (Besuchsfahrt) nach Mekka zu reisen. Er kaufte siebzig Kamele, um sie im Namen Allahs zu schlachten und an

Bedürftige zu verteilen.

Er reiste mit seinen 700 Gefährten unbewaffnet, zog sich ein Tuch um den Unterleib und ein Tuch über die Schulter. Er wollte den Mekkanern so seine friedliche Absicht anzeigen.

Die Quraisch waren jedoch vorsichtig und schickten den Muslimen ein Heer entgegen. Sie wollten ihm den Eintritt in die Stadt verweigern.

Muhammad, Friede und Segen auf ihn, reiste einen Umweg und machte Rast an einem Ort bei Mekka namens Al Hudaibiya.

Ein Mann von den Quraisch kam ihn dort besuchen und fragte ihn nach seinen Vorhaben. Der Prophet erklärte in Frieden zu reisen und sagte, er wäre in der Absicht gekommen, die Kaaba zu besuchen.

Es folgten weitere Männer, die sich erkundigen wollten. Sie sahen, wie sehr er von seinen Anhängern umgarnt wurde. Muhammad, Friede und Segen auf ihn, war königlich, jedoch niemals majestätisch.

Als es Überfälle auf das Lager des Propheten gab, nahm Muhammad, Friede und Segen auf ihn, die Angreifer gefangen, ließ sie aber, mit dem Aufruf um Frieden, sofort wieder frei.

Muhammad, Friede und Segen auf ihn, schickte Charrasch Ibn Umayya, dann Uthman Ibn Affan zu den Führern der Quraisch. Sie sollten ein Friedensangebot übermitteln. Uthman wurde erlaubt die Kaaba zu umrunden, lehnte es aber, ohne Begleitung des Propheten, ab.

Die Quraisch schickten Suhail Ibn Amr, um mit Muhammad, Friede und Segen auf ihn, einen Friedensvertrag abzuschließen. Unter der Bedingung, dass er für dieses Jahr den Besuch abbrach und im darauf folgenden Jahr wiederkommt. Nach weiteren, langen Verhandlungen stellte man schließlich einen Vertrag auf:

Der Vertrag von Al Hudaibiya

- Frieden auf zehn Jahre -

- Die Muslime müssen dieses Mal Mekka unverrichteter Dinge verlassen, dürfen jedoch im folgenden Jahr für drei Tage in Mekka einziehen, um eine Umra zu verrichten.

- Allen Stämmen wird freigestellt, sich für ein Bündnis mit Muhammad oder den Quraisch zu entscheiden.

- Die Muslime verpflichten sich, Überläufer aus Mekka, die ohne Erlaubnis ihres Vormundes nach Medina kommen, auszuliefern, selbst wenn sie Muslime sein sollen. Für die Mekkaner gibt es keine entsprechende Verpflichtung.

Der Prophet ordnete auf weisen Rat seiner Frau Umm Salama an, die Kamele zu schlachten und sich die Köpfe kahl zu rasieren. Danach reiste er zurück nach Medina

In der Mitte des Weges erhielt er von Gott eine Botschaft: *„Gewiss wir haben dir einen deutlichen Sieg verliehen"*. **(Quran: 48:1).**

Die Muslime standen etwas in Argwohn gegenüber der Entscheidung, da sie es für nicht würdig hielten mit den Quraisch einen Vertrag abzuschließen, jedoch ermöglichte dieser Vertrag ein Jahr später die Umra (Besuchsfahrt) für drei Tage. Später kam es dazu, dass sich einige Leute außerhalb des Vertragsgebietes ansiedelten und Karawanen überfielen, um sich zu ernähren.

Die Mekkaner baten Muhammad, Friede und Segen auf ihn, diese aufzunehmen, um Ruhe und Sicherheit zu haben bei den Handelsreisen. Im Jahr 630 n.Chr. gab es doch einen Vertragsbruch, der Muhammad, Friede und Segen auf ihn, veranlasste nach Mekka zu reisen, um die Stadt mit einer großen Gefolgschaft friedlich einzunehmen und die Kaaba dabei von den Götzen zu befreien. Die Quraisch ergaben sich nicht nur, sondern

nahmen auch den Islam an.

Die große Pilgerfahrt

Im zehnten Jahr nach der Auswanderung beschloss Muhammad, Friede und Segen auf ihn, das letzte Mal nach Mekka zu reisen, um die große Pilgerfahrt (arab. Hadsch) anzutreten.
Dreißigtausend Mann begleiteten Muhammad, Friede und Segen auf ihn, mit ihren Familien. Auch Aischa war mit dabei. Muhammad, Friede und Segen auf ihn, vollzog die Pilgerriten in Mekka, verbrachte drei Tage in Mina und ritt schließlich zur Ebene Arafa.
Hier hielt er seine Abschiedspredigt:

„Bitte denkt daran, dass ich vielleicht nicht wieder hierher zurückkomme. Euer Besitz und Euer Blut sind unantastbar. Vergesst nicht, eines Tages werdet ihr Allah gegenüber stehen.
Der Zins ist verboten, sowie die Blutrache. Kein Volk steht über einem anderen Volk; kein Weißer ist besser als ein Schwarzer.

Die Frauen haben ein gewisses Recht über den Männern und die Männer haben ein gewisses Recht über die Frauen, behandelt die Frauen gütig.

Schulden müssen zurück bezahlt werden und Geliehenes zurückgegeben werden. Das Pfand soll dem zurückgegeben werden, von dem es euch anvertraut wurde.

Kein Vater trägt die Schuld seines Sohnes; kein Sohn trägt die Schuld seines Vaters. Die Muslime sind untereinander Brüder. Nichts was dem Bruder gehört, ist Euch erlaubt, es sei denn, er gibt es freiwillig.

Haltet fest an dem Buch Allahs und an meiner Sunna. Und vergesst nicht allen von dieser Rede zu erzählen."

Danach zitierte er einen Satz der Offenbarung:

„Heute habe ich euren Glauben für euch vollendet und habe meine Gnade an euch erfüllt. Und es ist mein Wille, dass der Islam zu eurer Religion wird."
(Quran 5:3)

Er steinigte symbolisch den Teufel und ließ sich das Haar scheren.

Die letzte Reise nach Mekka fand zwei Monate vor seinem Tod statt. Der Tag von Arafa ist der 9. Dhul Hidschra, ein Tag später ist das Opferfest, welches sich auf den Propheten Abraham bezieht.

Mein Herr, schenke mir einen von den Rechtschaffenen.
Da verkündeten wir ihm (Ibrahim) einen nachsichtigen Jungen.
Als dieser das Alter erreichte, dass er mit ihm laufen konnte, sagt er: " Oh mein lieber Sohn, ich sehe im Schlaf, dass ich dich schlachte. Schau jetzt, was du dazu meinst."
Er sagte: „O mein lieber Vater, tuh, was dir befohlen wird. Du wirst mich, wenn Allah will, als einen der Standhaften finden."
Als sie sich beide ergeben gezeigt hatten und er ihm auf der Seite der Stirn niedergeworfen hatte, riefen Wir zu ihm: „Oh Ibrahim, Du hast das Traumgesicht

*bereits wahrgemacht."
Gewiss so vergelten Wir den Gutes
Tuenden. Das ist wahrlich die deutliche
Prüfung. Und wir losten ihn mit einem
großartigen Schlachtopfer aus.*
(Quran 37:100 - 107)

III Die Moschee des Propheten

Die erste Moschee, die der Prophet Muhammad, Friede und Segen auf ihn, errichtete bzw. den Grundstein dafür legte, war in Quba. Quba liegt am südlichen Stadtteil von Medina. Medina bedeutet Stadt. Somit ist Medina „Die Stadt des Propheten".

Die Masjid Nabui alscharif (Die heilige Moschee des Propheten) ist heute **riesengroß**. Sie hat zehn Minarette von einer Höhe mit 105 Metern und es können bis zu 600.000 Menschen darin beten.

Unter der grünen Kuppel befindet sich das Grab von Muhammad, Friede und Segen auf ihn, Abu Bakr, dem ersten Kalifen und Umar Ibn Al-Khattab, dem zweiten Kalifen. Uthman Ibn Affan, der dritte Kalif, ist auf dem Friedhof Al Baqi begraben.

Ali Ibn Abu Talib, der letzte Kalif, starb in Kufa, einer Stadt im Iraq.

Die Moschee des Propheten wurde im Jahr 622 n.Chr. gebaut, direkt nachdem Muhammad, Friede und Segen auf ihn, mit Abu Bakr in der Stadt ankam.

„Es war das Jahr 622 n. Chr. als Muhammad, Friede und Segen auf ihn, und Abu Bakr in Yathrib ankamen. Die Bewohner erwarteten beide mit großer Freude. Von nun an nannte man Yathrib nur noch Medina – die Stadt des Propheten.

Um nun den Standort einer Moschee zu ermitteln, gab Muhammad, Friede und

Segen auf ihn, dafür den Sitzplatz seiner Kamelstute Qaswaa an und kaufte das Grundstück von zwei Waisenkindern ab. Er beteiligte sich selbst am Bau. Es war seine Moschee und man nannte sie "Die Moschee des Propheten". Neben dran wohnte er gleich.

Diese Zeit war der Beginn der islamischen Zeitrechnung "Die Auswanderung" (arab. Hidschra)."

Al-Baqi- Der Friedhof an der Masjid Nabui

Dieser Friedhof ist der erste und älteste in Medina. Der Prophet Muhammad, Friede und Segen auf ihn, gründete ihn, als er ein Jahr in Medina war. Dschannat al-Baqī bedeutet der Garten von Al-Baqi und erinnert an eine dornige Pflanze mit dem Namen Gharqad.

Alle Ehefrauen des Propheten sind dort begraben, auch sein Sohn Ibrahim. Uthman Ibn Affan liegt auf dem Friedhof. Zuerst wurde er aber außerhalb begraben, nach der Erweiterung kam er mit rein.

Um den Friedhof herum ist eine Mauer, durch die man durchgucken kann.

Eine Episode kurz vor dem Tode des Propheten:

Eines Tages rief der Prophet seinen Diener Abu Muwayhibah und sprach zu ihm: „Mir wurde befohlen für die Toten auf dem Friedhof, um Vergebung zu bitten. Komm mit mir!"

Beide gingen zum Friedhof Baqi, wo Muhammad, Friede und Segen auf ihn, sprach: „Salam alaikum, o ihr Menschen in den Gräbern. Freut euch euer Lage: Wie viel besser ist sie, als die Lage derer, die jetzt leben! Zwietracht wird kommen wie Wellen der finsteren Nacht, eine nach der anderen, und jede wird schlimmer sein als die letzte."

Dann sagte er zu seinem Diener: „Mir wurden die Schlüssel zu den Schätzen dieser Welt angeboten und die Unsterblichkeit darin, gefolgt vom Paradies, und ich wurde vor der Wahl gestellt: zwischen all dem und der Begegnung mit meinem HERRN einschließlich des Paradieses."

Abu Muwayhibah flehte: „O Prophet, nimm die Schlüssel zu den Schätzen dieser Welt und Unsterblichkeit, gefolgt vom Paradies."

Doch Muhammad, Friede und Segen auf ihn, sagte: „Ich habe schon die Begegnung mit meinem HERRN und das Paradies gewählt."

Dann betete er um Vergebung für die Toten in Baqi.

IV Die Al Aqsa Moschee in Jerusalem

Al Aqsa bedeutet „Die ferne Kultstätte" und liegt in der Altstadt von Jerusalem auf dem südlichen Teil des Tempelberg. Tatsächlich erbaut wurde sie 70 Jahre, nach dem im Quran berichteten Ereignis.

„Preis sei Dem, Der seinen Diener bei der Nacht von der geschützten Gebetsstätte zur fernsten Gebetsstätte, deren Umgebung Wir gesegnet haben, reisen ließ, damit Wir ihm etwas von Unseren Zeichen zeigen.
Er ist ja der Allhörende, der Allsehende."
(Quran 17:1)

Als der Kalif Abd al-Malik im Jahr 692 den Felsendom errichtete, zerstörte er den hölzernen Vorgängerbau und ersetzte ihn durch ein Gebäude aus Stein.

Hier ein Teil der Geschichte. Das war im Jahr 622 n.Chr. , als es passierte, noch vor der Auswanderung aus Mekka.

Im dreizehnten Jahr seiner Prophetie trat Muhammad, Friede und Segen auf ihn, die Nachtreise an. Der Engel Gabriel brachte ihm ein Reittier, den Buraq[6], mit dem er nach Jerusalem reiste, um in der Al Aqsa Moschee zu beten und dann in den Himmel aufzusteigen.

Muhammad, Friede und Segen auf ihn, berichtete über dieses Ereignis wie folgt:

"Allah offenbarte mir dann und schrieb mir vor, jeden Tag und jede Nacht fünfzig Gebete zu verrichten. Ich stieg zu Moses, Allahs Segen und Heil auf ihm, herab. Da sagte er: „Was hat Allah deiner Gemeinde vorgeschrieben?"

Ich sagte: „Fünfzig Gebete."

Er sagte: „Kehre zu deinem Herrn zurück und bitte Ihn um eine Erleichterung. Deine Gemeinde wird bestimmt das nicht zu leisten vermögen, denn ich habe die Kinder Israels schon einer Prüfung ausgesetzt und sie erprobt." I

Ich kehrte dann zu meinem Herrn zurück und sagte: „O mein Herr! Erleichtere es meiner Gemeinde."

So hob Er mir fünf Gebete auf. Ich kehrte

---

[6] Der Buraq war ein weißes, pferdeähnliches Reittier mit Flügeln.

zu Moses wieder und sagte: „Allah hob mir fünf Gebete auf."

Er (Moses) erwiderte: „Deine Gemeinde wird das nicht zu leisten vermögen. Kehre zu deinem Herrn zurück und bitte Ihn um eine Erleichterung!"

Ich hörte nicht auf, zwischen Allah, Segensreich und Erhaben sei Er, und Moses zu gehen, bis Allah sagte: „Es sind fünf Gebete jeden Tag und jede Nacht. Jedes Gebet gleicht zehn Gebeten und das macht fünfzig Gebete. Und wer die Absicht hat, eine Wohltat auszuführen, sie aber nicht ausführt, wird ihm das als eine Wohltat niedergeschrieben. Wenn er aber die Wohltat wirklich ausführt, wird sie für ihn als zehn Wohltaten niedergeschrieben. Und wer dagegen eine schlechte Tat zu begehen beabsichtigt; sie aber nicht begeht, wird eine gute Tat nieder-geschrieben. Begeht er sie aber, so wird sie für ihn nur als eine einzige schlechte Tat niedergeschrieben."

Ich stieg dann herab, bis ich bei Moses, Allahs Segen und Heil auf ihm, war und

erzählte ihm (was passierte). Er sagte: „Kehre zu deinem Herrn zurück und bitte Ihn um Erleichterung." Ich sagte: „Ich bin zu meinem Herrn mehrmals zurückgekehrt, bis ich mich vor Ihm schämte."
(Sahih Muslim)

Als Muhammad, Friede und Segen auf ihn, zurück in Mekka war, um sich wieder schlafen zu legen, war sein Bett noch warm.

Abu Bakr war der Erste, der ihm sofort glaubte, als er davon erzählte. Alle anderen glaubten ihm erst, als er erzählte, wie er einer Karawane nach Syrien begegnete und deren Kamel erschrak, als es sein Reittier hörte und daraufhin weglief. Muhammad, Friede und Segen auf ihn, half ihnen, es wieder zu finden.

Bei dem Berge Ḍāǧnān trank er einen Wasserkrug leer und setzte den Deckel wieder drauf. Er erklärte, dass sich die Karawane zur Zeit auf dem Pass von Tan`im in der Höhe Baida befindet und dass sie von einem staubfarbenen Kamel mit zwei Säcken angeführt wird. Ein Sack ist weiß, der andere schwarz.

So liefen die Leute schließlich dorthin, um dies zu überprüfen. Sie sahen das Kamel, wie er es beschrieben hatte, und fanden auch den leeren Wasserkrug. Die Männer waren nun überzeugt von der Wahrhaftigkeit Muhammads, Friede und Segen auf ihn.

Die Gegend ist sehr umstritten, da sie von Juden, Christen und Muslimen als heilige Stätte angesehen wird. Auf dem Tempelberg[7] befindet sich auch der Felsendom, der ein Jahr vorher erbaut (691 n.Chr) worden sein soll. Hier befindet sich ein Felsen, von dem aus Muhammad, Friede und Segen auf ihn, in den Himmel aufgestiegen ist.
Bei den Christen soll der Dom, der Ort sein, an dem Abraham aufgefordert wurde, Isaak zu opfern, um ihn auf die Probe zu stellen. Für Nichtmuslime ist der Zugang verboten oder nur mit

---

[7] „Al Haram al Scharif"- Das edle Heiligtum

Sondergenehmigung erlaubt.

Der Islam, meine Religion

Der Islam ist nicht nur ein Glaube, eine Spekulation von etwas Gehörtem oder Gelesenem, sondern es ist die Überzeugung von etwas Geprüftem. Ich glaube an Gott und an das , was er im Quran sagt und ich glaube an das, was uns der Prophet sagt. Um aber jemandem glauben zu können, muss man sich an die Quelle machen, dahin, von wo die Botschaft kommt.

Um den Quran zu prüfen und ihn als wahres Wort Gottes anzusehen, muss man ihn von vorne bis hinten gelesen haben.

„Hoch Erhaben ist Allah, der wahre König! Und überhaste dich nicht mit dem Qur'an, ehe seine Offenbarung dir nicht vollständig zuteil geworden ist, sondern sprich: „O mein Herr, mehre mein Wissen."
Quran 20: 114

Wenn man wissen will, was der Prophet gemacht hat und gesagt hat, liest man Hadithe und seine Biografie. Der Quran ist eine begleitende Offenbarungsschrift zum Leben des Propheten, beides miteinander zu verknüpfen und zu verstehen, bedeutet den Quran auslegen zu können. Nur ist das einfacher geschrieben als getan, da es nicht immer nur um Rechtsturteile geht, sondern auch um Prophetengeschichten, dem Diesseits und dem Jenseits, Engel, die Propheten aus Bibel und Thora. Auch wissenschaftliche Erkenntnisse sind im Quran mit leichten Worten dargestellt.

Die erste Frage ist immer: „Glaubst Du an Gott?"

Allah ist das arabische Wort von Gott.

Was für ein trauriges Dasein muss doch der Mensch haben, nicht zu wissen, warum er lebt und wieso es gut für ihn ist, einer göttlichen/prophetischen Rechtleitung zu folgen? Wie traurig muss es sein, zu denken, dass, egal ob man gute Werke im Leben macht, man nach dem Tod den gleichen Platz hat, der ein

Räuber, Mörder oder Betrüger bekommt. Wozu dann das alles?

„Sag: „Sind (etwa) der Blinde und der Sehende gleich? Denkt ihr denn nicht nach?"
(Quran 6:50)

Sprich: „Sind solche, die wissen, denen gleich, die nicht wissen?"
(Quran 39:9)

Es gibt also ein Unterschied bei Gott, für diejenigen, die gläubig sind, rechtschaffen und fromm. Mit fromm meine ich, dass diese Muslime dem Gottesdienst nachkommen. Ein Gottesdienst ist aber auch, Gott zu gehorchen und ihm untertan zu sein. Aus diesem Grund ist ein Muslim ein Diener Gottes oder ein sich ihm Unterwerfender.

Der Islam ist eine Offenbarungsreligion oder eine Buchreligion. „Wir sind die Leute der Schrift." Mit Schrift meint man die Bibel, die Thora und den Quran. Alle

drei Bücher sind von Gott für die Menschen.
Dem Juden seine Thora, dem Christen seine Bibel und dem Muslim seinen Quran.

„Er hat dir das Buch mit der Wahrheit offenbart, das zu bestätigen, was vor ihm (offenbart) war. Und Er hat (auch) die Thora und das Evangelium (als Offenbarung) herabgesandt,"
(Quran 3:1)

Wenn wir von diesen drei Büchern reden, dann wird deutlich, dass es auch um die Propheten gehen muss, die die Gesandten dieser Botschaft waren.
Moses (arab. Musa) war Träger der Thora (altes Testament) und Jesus (arab. Isa) war Träger des neuen Testaments, Muhammad, Friede und Segen auf ihn, war Träger des Quran. Auch wichtig sind die Schriftrollen (Suhur) Abrahams und die Psalmen (Zaboor) von David.
Da der Quran alle vorangehenden Schriften aufhebt, werden wir gucken, was Gott über diese drei Propheten

erzählt.

Moses

Moses ist ein sehr wichtiger Prophet im Quran und wird namentlich 137 Mal genannt, öfter als die anderen Propheten. Gott sprach zu ihm direkt, ohne einen Übermittler zu haben.

„Und wir sandten Gesandte, über die Wir schon berichtet haben, und andere, über die wir nicht berichtet haben, und zu Musa hat Allah direkt gesprochen."
(Quran 4:164)

Alle Propheten waren aufrichtige, rechtschaffene Männer, die sich Gott ergeben an seine Befehle hielten. Sie änderten nichts ab, waren unbestechlich und wahrhaftig. Da der Quran in Länge der Suren eingeteilt ist und nicht nach Thema, sind alle Information quer durch das Buch verteilt. Deswegen werden wir einige interessante Auszüge davon nehmen.

"als Wir deiner Mutter jene Weisung eingaben : "Lege ihn in einen Kasten und wirf ihn in den Fluss, dann wird der Fluss ihn ans Ufer spülen, sodass ein Feind von Mir und ihm ihn aufnehmen wird." Und Ich habe auf dich Liebe von Mir gelegt; damit du unter Meinem Auge aufgezogen wurdest. Damals ging deine Schwester hin und sagte: »Soll ich euch jemanden empfehlen, der ihn betreuen könnte?" So gaben Wir dich deiner Mutter wieder, auf dass ihr Auge von Freude erfüllt würde und sie sich nicht grämte. Und du erschlugst einen Menschen, Wir aber erretteten dich aus der Trübsal. Dann prüften Wir dich auf mannigfache Art. Und du verweiltest jahrelang unter dem Volk von Madyan. Hierauf kamst du hierher, o Moses, gemäß einer bestimmten Fügung."
(Quran 20:38-40)

Die Frau von Firaun, sie hieß Asija, verliebte sich in den Jungen und wollte ihn behalten und am Leben lassen. Es wurde daher eine Amme gesucht für den kleinen Jungen, die ihn stillte. Man suchte solange erfolglos, bis man schließlich auf seine Mutter traf, bei der er ruhig wurde und gestillte werden konnte.

Moses wuchs bei Firaun auf, bis er erwachsen wurde. Er merkte jedoch, dass seine Abstammung eine andere war und kehrte zu seinem Volk zurück. Etwas später wurde er von Gott zum Propheten erhoben. Firaun war Ramses II oder auch Pharao.

„Und ihr Prophet sagte zu ihnen: „Das Zeichen seiner Herrschaft ist, dass die Bundeslade zu euch kommen wird: in ihr ist innere Ruhe von unserem Herrn und ein Rest von dem, was die Sippe Musas und die Sippe Haruns hinterließen, getragen von Engeln. Darin soll wahrlich ein Zeichen für euch sein, wenn ihr gläubig seid."
(Quran 2:148)

Harun war der Bruder von Moses und wie er, ein Prophet. Die Bundeslade ist eine Truhe und gilt seit 587 v.Chr. als verloren. In ihr soll der Stab Moses sein, die 5 Bücher Moses und zwei Steintafeln mit den zehn Geboten. Die fünf Bücher Moses ist das alte Testament oder der Tenach, der erste Teil der Bibel.

„Und Wir führten die Kinder Israels durch das Meer; und Pharao mit seinen Heerscharen verfolgte sie widerrechtlich und feindlich, bis er nahe daran war, zu ertrinken, (und) sprach: „Ich glaube, dass kein Gott ist als Der, an Den die Kinder Israels glauben, und ich gehöre nun zu den Gottergebenen."
Wie? Jetzt? Wo du bisher ungehorsam und einer derer warst, die Unheil stifteten?
Nun wollen Wir dich heute dem Leibe nach erretten, auf dass du ein Beweis für diejenigen seiest, die nach dir kommen. Und es gibt sicher viele Menschen, die Unseren Zeichen keine Beachtung schenken." **(Quran 10:90-92)**

Firaun war ein überheblicher Herrscher, der sich als einen Gott erhob, maßlos war und barbarisch. Seit 1977 liegt seine Mumie im Ägyptischen Museum in Kairo.

Jesus

Jesus wird im Arabischen Isa genannt und ist der Sohn der Maria- Isa Ibn Maryam.
Im Quran wird er als Al-Masih bezeichnet- Gesandter oder Nabi-Prophet.
Um etwas aus seinem Leben zu erzählen, werden wir die Sure Al Mariam und die Sure Al-i-Imran vorstellen. Imran ist der Name der Familie des Propheten Jesus. Maryam oder Maria ist die einzige Frau im Quran, die namentlich erwähnt ist.

Er sagte: „Mein Herr, soll mir ein Knabe (geschenkt) werden, wo mich das Alter doch überkommen hat und meine Frau unfruchtbar ist?"
Er sprach: „Allah tut ebenso, was Er will."

*Er sagte: „Mein Herr, gib mir ein Zeichen."
Er sprach: „Dein Zeichen ist, dass du drei
Tage lang zu den Menschen nicht
sprechen wirst außer durch Gesten. Und
gedenke deines Herrn häufig und preise
Ihn am Abend und am Morgen."
Und damals sprachen die Engel: „O
Maria, siehe, Allah hat dich auserwählt
und gereinigt und erwählt vor den
Frauen der Welten. O Maria, sei vor
deinem Herrn voller Andacht und wirf
dich nieder und beuge dich mit den
Sich-Beugenden."
Dies ist eine der Verkündungen des
Verborgenen, die Wir dir offenbaren.
Denn du warst nicht bei ihnen, als sie ihre
Losröhrchen warfen, wer von ihnen Maria
pflegen sollte. Und du warst nicht bei
ihnen, als sie miteinander stritten.
Damals sprachen die Engel: „O Maria,
siehe, Allah verkündet dir ein Wort von
Ihm; sein Name ist der Messias, Jesus, der
Sohn der Maria, angesehen im Diesseits
und im Jenseits, und einer von denen, die
(Allah) nahestehen.
Und reden wird er in der Wiege zu den*

Menschen und auch als Erwachsener, und er wird einer der Rechtschaffenen sein."

Sie sagte: „Mein Herr, soll mir ein Sohn (geboren) werden, wo mich doch kein Mann berührte?" Er sprach: „Allah schafft ebenso, was Er will; wenn Er etwas beschlossen hat, spricht Er nur zu ihm: »Sei!« und es ist."

Und Er wird ihn das Buch lehren und die Weisheit und die Thora und das Evangelium und wird ihn entsenden zu den Kindern Israels. *(Sprechen wird er:) „Seht, ich bin zu euch mit einem Zeichen von eurem Herrn gekommen.* **Seht, ich erschaffe für euch aus Ton die Gestalt eines Vogels und werde in sie hauchen, und sie soll mit Allahs Erlaubnis ein Vogel werden; und ich heile den Blindgeborenen und den Aussätzigen und mache die Toten mit Allahs Erlaubnis lebendig,** *und ich verkünde euch, was ihr esset und was ihr in eueren Häusern speichert. Wahrlich, darin ist ein Zeichen für euch, wenn ihr gläubig seid.*

Und als ein Bestätiger der Thora, die vor

mir da war, und um euch einen Teil von dem zu erlauben, was euch verboten war, bin ich zu euch gekommen mit einem Zeichen von eurem Herrn. So fürchtet Allah und gehorcht mir ; wahrlich, **Allah ist mein Herr und euer Herr, darum dienet Ihm. Dies ist ein gerader Weg."**

Und als Jesus ihren Unglauben wahrnahm, sagte er: „Wer ist mein Helfer (auf dem Weg) zu Allah?"
Die Jünger sagten: „Wir sind Allahs Helfer; wir glauben an Allah, und (du sollst) bezeugen, daß wir (Ihm) ergeben sind. Unser Herr, wir glauben an das, was Du herabgesandt hast, und **folgen dem Gesandten.** *Darum führe uns unter den Bezeugenden auf."*
(Quran 3: 40-53)

Er (Jesus) sagte: „Ich bin ein Diener Allahs; Er hat mir das Buch gegeben und mich zu einem Propheten gemacht. Und Er gab mir Seinen Segen, wo ich auch sein möge, und Er befahl mir Gebet und

Zakah[8], solange ich lebe ;und ehrerbietig gegen meine Mutter (zu sein); Er hat mich nicht gewalttätig und unselig gemacht.
Und Friede war über mir an dem Tage, als ich geboren wurde, und (Friede wird über mir sein) an dem Tage, wenn ich sterben werde, und an dem Tage, wenn ich wieder zum Leben erweckt werde."

Dies ist Jesus, Sohn der Maria - (dies ist) eine Aussage der Wahrheit, über die sie uneins sind. **Es geziemt Allah nicht, Sich einen Sohn zu nehmen.** *Gepriesen sei Er! Wenn Er etwas beschließt, so spricht Er nur: "Sei!" und es ist.*
"Wahrlich, Allah ist mein Herr und euer Herr. So dient Ihm! Das ist ein gerader Weg."
(Quran 19:30-35)

Nach islamischen Glauben wurde Jesus nicht gekreuzigt, auch lehnt Gott die Dreifaltigkeit ab.

---

[8] Die Armenabgabe. Das ist ein Gottesdienst.

O Leute der Schrift, übertreibt nicht in eurer Religion und sagt gegen Allah nur die Wahrheit aus! al-Masīḥ ʿĪsā, der Sohn Maryams, ist nur Allahs Gesandter und Sein Wort, das Er Maryam entbot, und Geist von Ihm. <u>Darum glaubt an Allah und Seine Gesandten und sagt nicht „Drei".</u> Hört auf (damit), das ist besser für euch! Allah ist nur ein Einziger Gott. Preis sei Ihm (, und Erhaben ist Er darüber), dass Er ein Kind haben sollte! Ihm gehört (alles), was in den Himmeln und was auf der Erde ist, und Allah genügt als Sachwalter.

(Quran 4: 171)

„Gewiss, wir haben al-Masīḥ ʿĪsā, den Sohn Maryams, den Gesandten Allahs getötet." – <u>Aber sie haben ihn weder getötet noch gekreuzigt,</u> sondern es erschien ihnen so. Und diejenigen, die sich darüber uneinig sind, befinden sich wahrlich im Zweifel darüber. Sie haben kein Wissen darüber, außer dass sie Mutmaßungen folgen. Und sie haben ihn mit Gewissheit nicht getötet.

(Quran 4:157)

Muhammad

Muhammad, Friede und Segen auf ihn, ist der letzte Prophet und somit das Siegel der Propheten. Das Siegel ist zum einen ein Muttermal auf dem Rücken des Propheten und gleichauf der Abschluss der Prophetie.

Ich habe vorab erklärt, dass der Quran eine ihn lebensbegleitende Schrift ist. Das Wort Quran bedeutet „Lesung oder Rezitation", denn den Quran als Buch gab es erst unter Uthman bin Affan. Unser Quran ist der Mushaf Uthman, ein im Einband gebundenes Buch. Zu Zeiten Muhammads, Friede und Segen auf ihn, lernten die Menschen die Offenbarungen auswendig oder schrieben sie auf vergängliche Materialien. Schreiben und Lesen zu können, war etwas Besonderes. Man nannte diese Menschen die Al-kamamil (Die Vollkommenen).

Nach der Schlacht von Badr beriet man sich, wie man mit den Gefangenen umgehen sollte. Umar Ibn Al Khattab und Sa'd ibn Mu'âdh schlugen vor, diese zu ermorden, während Abu Bakr dafür war, für sie Lösegeld zu fordern.

Allah tadelte sie mit diesen Worten: **"Es steht keinem Propheten zu, Gefangene zu haben, bis er (den Feind überall) im Land schwer niedergekämpft hat. Ihr wollt Glücksgüter des Diesseitigen, aber Allâh will das Jenseits. Allâh ist Allmächtig und Allweise. Wenn nicht von Allâh eine früher ergangene Bestimmung wäre, würde euch für das, was ihr genommen habt, wahrlich gewaltige Strafe widerfahren. Esst nun von dem, was ihr erbeutet habt, als etwas Erlaubtes und Gutes, und fürchtet Allâh! Gewiss, Allâh ist Allvergebend und Barmherzig."** (Sûra 8:67-69)

Da man es bei einer Schlacht aber nicht nur um den Umgang mit den Gefangenen geht, fragte man sich auch, was man mit erbeuteten Eigentümern dieser machen sollte. **"Sie fragen dich nach der (zugedachten) Beute. Sag: Die (zugedachte) Beute gehört Allâh und**

dem Gesandten. So fürchtet Allâh und stiftet Frieden untereinander, und gehorcht Allâh und Seinem Gesandten, wenn ihr gläubig seid!" (Sûra 8:1) Und: „Und wisset: Was immer ihr erbeutet, so gehört Allâh ein Fünftel davon und dem Gesandten, und den Verwandten, den Waisen, den Armen und dem Sohn des Weges, wenn ihr an Allâh glaubt und an das, was Wir auf Unseren Diener am Tag der Unterscheidung (als Offenbarung) hinabgesandt haben, an dem Tag, da die beiden Heere aufeinandertrafen. Und Allâh hat zu allem die Macht." (Sûra 8:41)
Die Gefangen wurden nicht getötet, sondern mit nach Medina genommen, wo sie gut behandelt wurden und verpflegt. Diejenigen, die es sich leisten konnten, ein Lösegeld aufzubringen oder jemanden hatten, der es für sie bezahlt, kauften sich frei oder wurden freigekauft. Andere mussten zehn Menschen das Lesen beibringen, um frei zu kommen. Die Beute wurde gerecht unter den Gefährten aufgeteilt, auch an jene, die nicht an der Schlacht teilnehmen

konnten, wie Uthman Bin Affan, der Ruqaya pflegte, die einen Monat nach der Schlacht von Badr starb.
Uthman war der Schwiegersohn des Propheten, Ruqaya seine Tochter.

Abu Lahab (Vater des Feuers) war einer der heftigsten Gegner Muhammads, Friede und Segen auf ihn. Er trug diesen Namen, da er ein aufbrausender Mensch war, der schnell rote Backen bekam, wenn er in Rage geriet. Sein richtiger Name war Abdul Uzzab Ibn Abdul Muttalib. An einem Tag, an dem der Prophet seine Familie, seine Anhänger und fast die ganzen Bewohner von Mekka zusammenrief, um sie aufzufordern, den Islam anzunehmen, geriet Abu Lahab in Rage und erklärte: „Vernichtung über Dich den ganzen Tag. Hast Du uns deswegen gerufen?!"
Dies machte Muhammad, Friede und Segen auf ihn, sehr traurig. Daraufhin wurde eine Offenbarung über Abu Lahab herabgesandt:
„Vernichtet sind die beiden Hände Abu

*Lahabs, und vernichtet ist er. Nichts nützt ihm sein Vermögen und was er erwarb. Er wird in eine Feuer mit Flammen hineingeworfen sowie seine Ehefrau, die Trägerin des Holzes,
um ihren Hals ist eine Seil aus Palmenbast."*
(Quran 111:1-5)

Abu Lahab starb sieben Tage, nachdem er erfuhr, dass die Muslime in der Schlacht von Badr als Sieger hervorgingen, an Pocken.

Diese drei Propheten sind die, die uns eine Schrift hinterlassen haben. Ein Muslim glaubt auch an die Schriftrollen (arab. Suhur) von Moses und Abraham und an die Psalmen (arab. Zaboor) von David. Jedoch hat Gott außer ihnen noch mehr Propheten namentlich erwähnt und Geschichten von ihnen erzählt.

Die Geschichte von Adam und Eva gehört auch dazu, allerdings wird Eva mit „seine Frau" betitelt und nicht mit ihrem

Namen.

„O ihr Menschen, fürchtet euren Herrn, Der euch erschaffen hat aus einem einzigen Wesen (Adam); und aus ihm (Adam) erschuf Er seine Gattin (Eva), und aus den beiden ließ Er viele Männer und Frauen entstehen."
(Quran 4:1)

Und Wir sagten: „O Ādam, bewohne du und deine Gattin den (Paradies)garten, und esst von ihm reichlich, wo immer ihr wollt! Aber nähert euch nicht diesem Baum, sonst gehört ihr zu den Ungerechten!"Doch Satan entfernte sie davon, und da vertrieb er sie aus dem, worin sie (an Glückseligkeit) gewesen waren. Wir sagten: „Geht fort! Einige von euch seien der anderen Feind. Und auf der Erde sollt ihr Aufenthalt und Nießbrauch auf Zeit haben."
Quran 2:35-36

Das ist unser Beweismittel, das Wir Ibrahim (Abraham) gegen sein Volk gaben. Wir

erhöhen, wen Wir wollen, um Rangstufen. Gewiß, dein Herr ist Allweise und Allwissend. Und Wir schenkten ihm Ishaq (Isaak) und Ya'qub (Jakob); jeden (von ihnen) haben Wir rechtgeleitet. Und (auch) Nuh (Noah) haben Wir zuvor rechtgeleitet, und aus seiner Nachkommenschaft Dawud (David), Sulaiman (Salomo), Ayyub (Hiob), Yusuf (Josef), Musa (Moses) und Harun (Aaron) - so vergelten Wir (es) den Gutes Tuenden -;und Zakariyya (Zacharias), Yahya (Johannes), 'Isa (Jesus)und Ilyas (Elias): jeder (von ihnen) gehört zu den Rechtschaffenen; und Isma'il (Ismael), Alyasa'(Elisa), Yunus (Jonas) und Lut (Lot): jeden (von ihnen) haben Wir vor den (anderen) Weltenbewohnern bevorzugt.
(Quran 6:83-86)

Der Glaube an das Schicksal

Es passieren Dinge, auf denen liegt eine Begründung. Man kann es ungefähr mit dem Einkaufen vergleichen. Ich kann nur einkaufen, wenn ein Laden aufhat. Das bedeutet, es gibt Abhängigkeiten, wann ich was, warum mache. Unterwegs kann schönes Wetter sein oder auch nicht, dann nehm ich mir einen Regenschirm mit, oder ich treffe auf dem Weg zufällig einen Freund und wir gehen einen Kaffee trinken. Gott sagt, dazwischen gibt es etwas, was wir nicht aushalten können.

Die folgende Geschichte steht im Quran 18:65-82.

Sie trafen einen von Unseren Dienern, dem wir Barmherzigkeit von Uns aus hatten zukommen lassen und den Wir Wissen von Uns her gelehrt hatten.
Mūsā sagte zu ihm: „Darf ich dir folgen, auf dass du mich von dem lehrst, was dir

an Besonnenheit gelehrt worden ist?"

Er sagte: „Du wirst (es) bei mir nicht aushalten können. Wie willst du das auch aushalten, wovon du keine umfassende Kenntnis hast?"

Er sagte: „Du wirst mich, wenn Allah will, standhaft finden, und ich werde mich keinem Befehl von dir widersetzen."

Er sagte: „Wenn du mir denn folg(en will)st, dann frage mich nach nichts, bis ich selbst es dir gegenüber zuerst erwähne."

Da zogen sie beide los, bis, als sie ein Schiff bestiegen, er darin ein Loch machte.

Er (Mūsā) sagte: „Hast du ein Loch darin gemacht, um seine Besatzung ertrinken zu lassen? Du hast da ja eine grauenhafte Sache begangen."

Er sagte: „Habe ich nicht gesagt, dass du (es) bei mir nicht wirst aushalten können?"

Er (Mūsā) sagte: „Belange mich nicht dafür, dass ich vergessen habe, und bedrücke mich in meiner Angelegenheit nicht mit einer Erschwernis."

Da zogen sie beide weiter, bis, als sie dann einen Jungen trafen, er ihn tötete.
Er (Mūsā) sagte: „Hast du eine unschuldige Seele getötet (und zwar) nicht (als Wiedervergeltung) für eine (andere) Seele? Du hast da ja eine verwerfliche Sache begangen."
Er sagte: „Habe ich dir nicht gesagt, dass du (es) bei mir nicht wirst aushalten können?"
Er (Mūsā) sagte: „Wenn ich dich danach (noch einmal) nach irgend etwas frage, dann lasse mich dich nicht mehr begleiten. Dich trifft in Bezug auf mich kein Tadel."
Da zogen sie beide weiter, bis, als sie dann zu den Bewohnern einer Stadt kamen, sie ihre Bewohner um etwas zu essen baten; diese aber weigerten sich, sie gastlich aufzunehmen. Da fanden sie in ihr eine Mauer, die einzustürzen drohte, und so richtete er sie auf. Er (Mūsā) sagte: „Wenn du wolltest, hättest du dafür wahrlich Lohn nehmen können."
Er sagte: „Das ist die Trennung zwischen mir und dir. Ich werde dir jetzt die

Deutung dessen kundtun, was du nicht aushalten konntest. Was das Schiff angeht, so gehörte es Armen, die auf dem Meer arbeiteten. Ich wollte es schadhaft machen, denn ein König war hinter ihnen her, der jedes Schiff mit Gewalt wegnahm. Was den Jungen angeht, so waren seine Eltern gläubige (Menschen). Da fürchteten wir, dass er sie durch (seine) Auflehnung und durch (seinen) Unglauben bedrücken würde. So wollten wir, dass ihr Herr ihnen zum Tausch einen gebe, – besser als er an Lauterkeit und näher kommend an Güte. Was aber die Mauer angeht, so gehörte sie zwei Waisenjungen in der Stadt, und unter ihr befand sich ein für sie bestimmter Schatz. Ihr Vater war rechtschaffen, und da wollte dein Herr, dass sie (erst) ihre Vollreife erlangen und (dann) ihren Schatz hervorholen – aus Barmherzigkeit von deinem Herrn. Ich tat es ja nicht aus eigenem Ermessen. Das ist die Deutung dessen, was du nicht aushalten konntest."

Wenn man im Quran „Uns, Wir" lesen, dann ist das die Anrede für Gott, der sich so erhaben und majestätische, als Gott und sprachlich, vorstellt. Man nennt es Plurales Majestatis.

Aus dieser Geschichte geht hervor, dass gewisse Geschehnisse andere beeinflussen und eine Wirkung erzielen, die gewollt und entweder gut sind oder schlecht, jedoch von uns nicht obdessen beurteilbar sind.

> *„Aber vielleicht ist euch etwas zuwider, während es gut für euch ist, und vielleicht ist euch etwas lieb, während es schlecht für euch ist. ALLAH weiß, ihr aber wißt nicht."* **(Quran 2:216)**

Der Glaube an den Tag der Auferstehung

Auf Arabisch nennt man den Tag yaum al-Qiyama, den Tag, an dem alle Toten zusammengerufen (Al-Haschr) werden und deren Leben abgerechnet wird.

Dieser Tag wird 50.000 Jahre dauern und nicht einen Tag.

Nun, es geht dabei um eine Abrechnung mit der Seele, die aber etwas ganz bestimmtes voraussetzt.

„Wahrlich, Du wirst sterben und auch sie werden sterben; dann, am Tag der Auferstehung, werdet ihr wahrlich vor eurem Herrn miteinander streiten."
(Quran 39:30-31)
am Tag, da ihre Zungen und ihre Hände und ihre Füße gegen sie Zeugnis ablegen werden, über das, was sie zu tun pflegten.
(Quran 24:24)

Der Prophet sagte: „Wenn ein Mensch ins Grab gelegt wird und sich seine Begleiter kaum entfernt haben, so dass er noch immer ihre Schritte hören kann, kommen bereits zwei Engel zu ihm und gebieten ihm zu sitzen. Sie fragen ihn: „Was pflegtest du über diesen Mann Mohammed zu sagen?"

Er wird antworten: „Ich bezeuge, dass er

Allahs Diener und Sein Gesandter ist", dann wird ihm gesagt werden: „Schau deinen Platz im Höllenfeuer an. Allah hat dir stattdessen einen Platz im Paradies gegeben."

Der Prophet ergänzte: „Dem Toten werden beide Plätze gezeigt werden. Aber ein Ungläubiger oder ein Heuchler wird den Engeln antworten: „Ich weiß nicht, ich sage das, was die Leute sprachen."

Es wird ihm gesagt werden: „Du hast weder gewusst noch hast du die Rechtleitung durch den Koran angenommen."

Dann wird er mit einem Eisenhammer zwischen die Ohren (auf den Schädel) geschlagen werden, und er wird schreien und seine Schreie werden von allen gehört werden, die sich ihm nähern, außer sie seien Menschen oder *jinn* (Geister)."

(Buchary)

Wenn wir Angelegenheiten klären, um den Glauben zu finden, Regeln und

Gottesdienste, dann werden wir, um den Quran zu ergänzen, auch Hadithe dazu nehmen. Ein Hadith ist die gesprochen Sunna, etwas, worüber der Prophet Muhammad, Friede und Segen auf ihn, gesprochen hat, was er gemacht oder was er hingenommen hat. Buchary ist der Überlieferer und bestätigt die Authentizität.

Und Er ist der Zwingherr über Seine Diener, und Er sendet über euch Wächter, so dass, wenn zu einem von euch der Tod kommt, Unsre Gesandten (die Engel[9]) ihn zu sich nehmen; und sie vernachlässigen nichts."
(Quran 6:61)

Der Glaube an die Engel

Gott hat viele Engel eingesetzt. Einer dieser Engel ist Gabriel, der die Offenbarungen an Muhammad, Friede und Segen auf ihn, weiter gab.

---
[9] Damit ist der Todesengel gemeint.

Manchmal erschien der Engel als Person, ein ander Mal wie ein Glockenschlag, der ihn erniederte und ihm Schmerzen herbeiführte.

Aber es gab noch mehr Engel:

Munkar und Nakir: Bedeutet übersetzt „Das Negative" und „Das Verwerfliche". Diese beiden Engel werden im Grab des Toten abfragen, ob der Mensch an Gott und den Gesandten geglaubt hat und den Quran gelesen.

Die Ehrenwerten Schreiber: Auf Arabisch kiramen katibin.

Die Engel, die einer der Rechten und der anderer der Linken sitzen und alle guten und schlechten Taten der Menschen aufschreiben und daraus ein Buch verfassen, welches der Seele des Toten am Tag der Auferstehung vorgelegt wird, ohne etwas auszulassen.

„Und das Buch wird vorgelegt. Du wirst die Sünder in Angst vor dem sehen, was in ihm niedergeschrieben ist. 'Wehe uns!

Was ist dies nur für ein Buch? Es hat alles verzeichnet! Weder das Kleine hat es ausgelassen (von dem, was wir begingen), noch das Große!' werden sie sagen. Derart werden sie vorfinden, was sie begangen haben. Und dein Herr tut niemandem Unrecht."
Quran 18:49)

Malik: Der Anführer der Wächter des Höllenfeuers, der 19 Helfer hat.

*Und sie rufen: „O Mālik, dein Herr soll unserem Leben ein Ende setzen."
Er sagt: „Gewiß, ihr werdet (hier) bleiben."
Wir sind zu euch mit der Wahrheit gekommen, aber den meisten von euch ist die Wahrheit zuwider. Oder haben sie sich eine Sache ausgedacht? Auch Wir können Uns (etwas) ausdenken.
Oder meinen sie, dass Wir ihr Geheimes und ihre vertraulichen Gespräche nicht hören? Ja doch, Unsere Boten[10] sind bei ihnen und schreiben (alles) auf.*

---

[10] Die ehrenwerten Schreiber (Engel)

(Quran 43-77-80)

Michael: bedeutet aramäisch übersetzt „keiner ist wie Gott". Er gilt als der Engel der Gerechtigkeit und soll für die Vorgänge in der Natur zuständig sein und der, der die Versorgung der Menschen überbringt.

„Wer Allah und seinen Engeln und Seinen Gesandten Gibril und Mikal feind ist, so ist Allah den Ungläubigen Feind."
(Quran 2:98)

Israfil: ist der Verkünder des Sterbens und der Wiederauferstehung. Er wird am Tag des jüngsten Gerichts zwei Mal ins Horn blasen. Nach dem ersten Mal wird es kein Leben mehr geben und nach dem zweiten Mal werden alle Toten auferstehen und vor Gott Rechenschaft ablegen.

„Wer nicht an Gott, seine Engel, seine Bücher, seine Gesandten und den Jüngsten Tag glaubt, der ist weit

abgeirrt."
(Quran 4:136)

Engel sind von Gott aus Licht erschaffene Wesen, um ihm zu dienen. Man betet sie nicht an, sie werden nicht müde oder haben Durst. Jeder der Engel hat seine ihm zugedachte Aufgabe. Wie viel Engel es gibt, das weiß nur Gott.

Der Glaube an den einzigen Gott (Allah)

Gott ist etwas Unfassbares, nicht Materielles und Unantastbares. Man kann aber sein Wirken nachfragen und ihm Namen geben, so wie sie im Quran beschrieben sind. Wie z.B. der Allerbarmer der Barmherzige.

Gott betont immer wieder, den Menschen zu ermahnen, nur an ihn zu glauben und warnt davor, ihm etwas beizugesellen. Das bedeutet, er verbietet den Götzendienst, das Befragen von Wahrsagern, da es den Glauben an das

Schicksal außer Kraft setzt. Er verbietet das Tragen von Talismanen, um den Menschen anzuhalten, Gott zu vertrauen. Er verbietet, um jemanden anders Wohlgefallen, außer zu seinem, zu beten. Und er sagt, dass er es nicht gerne sieht, wenn man betet, nur um betend gesehen zu werden.

Dies, weil Allah die Wahrheit ist und weil das, was sie anstatt Seiner anrufen, das Falsche ist, und weil Allah der Erhabene, der Große ist.
(Quran 22:62)

Das Wichtigste ist aber, dass Gott verbietet, Menschen unter Zwang zu stellen, sich ihm zu unterwerfen und an ihn zu glauben. Selbst dem Muslim hat er nicht den freien Willen genommen, sich an seine Gebote zu halten oder sie für sich zu verwerfen. Jeder Muslim ist frei, sich zu entfalten, muss aber wissen, dass er bei der Abrechnung am Tag der Auferstehung nach seinen Worten und

Taten bewertet wird.

„Wendet euch alle reumütig Allah zu, Ihr Gläubigen, auf dass es euch wohl ergehen möge!"
(Quran 24:31)

Da alle Worte und Taten von den erwürdigen Schreibern in das Buch des Lebens notiert werden, ist es wichtig, sich um eine Rechtleitung zu bemühen, damit man seinen Fehler bereut, seinen Zustand ändert und nicht mehr wiederholt. Ohne Bildung kann man keinem Gottesdienst folgen oder der Rechtleitung nachkomm-en.
Gott sagt im heiligen Quran:

Und wenn dein Herr wollte, würden fürwahr alle Menschen auf der Erde zusammen gläubig sein. Willst Du etwa die Menschen dazu zwingen gläubig zu werden. Keiner Seele ist erlaubt zu glauben, außer mit Allahs Erlaubnis.
(Quran 11:99-100)

Euer Gott ist ein Einziger Gott, so seid Ihm ergeben. Und verkünde frohe Botschaft denjenigen, die sich demütigen, denjenigen, deren Herzen sich vor Ehrfurcht regen, wenn Allahs gedacht wird, die das standhaft ertragen, was sie trifft, das Gebet verrichten und von dem, womit Wir sie versorgt haben, ausgeben.
(Quran 22:34-35)

Der Gottesdienst

Ein Gottesdienst ist eine von Gott befohlene Ehrerbietung, deren die Muslime verpflichtet sind, nachzukommen. Die Gültigkeit eines islamischen Gottesdienstes hängt davon ab, dass Du Muslim bist, islamisch reif, den Islam kennst und geistig gesund bist. Demnach ist es zwar sehr lobenswert, wenn ein Kind einen Gottesdienst macht und die Eltern sind auch verpflichtet, das Kind liebevoll dahingehend zu erziehen, jedoch ist er, auch wenn das Kind sich an alle Regeln hält, noch nicht ausgereift. Ein Kind ist islamisch reif, wenn es das Pubertätsalter erreicht hat, denn ab da ist der Mensch auch soweit, für seine Taten in Rechenschaft gezogen zu werden.

Ein Kind soll das Gebet lernen, einen liebevollen Umgang dazu pflegen und wissen, dass es dieses Gebet nur für Gott zu Gottes Wohlgefallen vollführt. Ein Kind kann versuchen zu fasten, sich in die Situation bringen für eine gewisse Zeit zu merken, was es bedeutet, nicht zu trinken und zu essen, um zu gucken, was das mit seinem Körper macht und sich daran gewöhnen. Ein Kind kann auch abgeben. Natürlich hat es nicht den Besitz, um tatsächlich Zakat (die Armenabgabe) zu geben, jedoch ist es wichtig ein Bewusstsein zu schaffen, dass es wichtig und richtig ist für Menschen, denen es nicht so gut geht, sich sozial verantwortlich zu machen. Dabei muss man auch gucken, wer, was braucht und was sinnvoll ist zu geben. Ein Kind kann nach Mekka fahren und die Kaaba besuchen, jedoch gewinnt es erst an Größe, wenn es weiß, warum es da ist und welchen geschichtlichen Hintergrund dieser Ort hat. Islamische Früherziehung beginnt also nicht nur, in dem man das Kind zum Gebet führt und es bedrängt diesbezüglich, sondern ein Kind muss wissen, was Gottesfurcht ist. Nicht, um sich vor Gott zu fürchten, sondern um den Geschmack von Respekt, Dankbarkeit, Aufrichtigkeit und Ehrerbietung zu begreifen.

Ich gehe jetzt mal davon aus, das Kind hat schon mal gebetet und daher die Schahada (das Glaubensbekenntnis) gesagt.

„Ich bezeuge, dass es keinen Gott gibt, außer Allah und ich bezeuge, dass Muhammad sein Diener und Gesandter ist."

'ashhad 'anah la 'iilah 'iilaa allah
wa'ashhad 'ana muhmidana eabdah
warasuluh

Der erste Gottesdienst, den Gott den Menschen befohlen hat, ist das Gebet, welches die rituelle Reinheit voraussetzt.

Das Gebet

Mit der Absicht fängt alles an.

„Alle Taten werden nach ihren Absichten beurteilt, und jede Person wird ihrer Absicht entsprechend belohnt. Wessen Aus-wanderung also für Gott und seinen Gesandten war, dessen Auswanderung war für Gott und seinen Gesandten; wessen Auswanderung aber für weltliche Dinge war, die er gewinnen wollte, oder für eine Frau, die er heiraten wollte, so war seine Auswanderung für das, für das er ausgewandert ist."
(Sahih Al-Bukhari, Sahih Muslim)

Es sollte jedem Elternteil bewusst sein, wie wichtig es ist ein gutes Verhältnis zur Religion aufzubauen, nach Wissen zu streben und eine gute Erziehung weiterzugeben. Denn wenn ein Kind betet, um zehn Euro zu kriegen, betet es, um zehn Euro zu kriegen. Das ist die schlechteste Voraussetzung, um ein Kind Gott nahe zu bringen und Liebe weiter zu geben für seine Handlung. Oder vor allen Dingen zu beten, nur um Gottes Willen und sich ihm in Liebe und Dankbarkeit zu unterwerfen.

Religion wird so uninteressant und passiert unter Zwang und mit Berechnung.

Möge Allah uns davor bewahren und uns zu den Rechtschaffenen zählen lassen. Amin.

Die erste Absicht, um zu beten, ist daher die rituelle Reinheit und zu wissen, dass Gott diesen Gottesdienst unter Bedingungen gestellt hat für die Gültigkeit. Dazu gehört auch zu wissen, wie Gottes Aufforderung lautet.

„Ihr, die den Glauben verinnerlicht habt! Wenn ihr zum rituellen Gebet aufstehen wollt, dann wascht (vorher) eure Gesichter, eure Hände und Arme bis zu den Ellenbogen, benetzt eure Köpfe und (wascht) eure Füße bis zu den Knöcheln. Und wenn ihr dschunub seid, dann stellt die rituelle Reinheit wieder her. Und wenn ihr krank oder auf Reisen seid, oder von

der Notdurft kommt oder eure Frauen (intim) berührt habt und kein Wasser findet, dann sucht reine Erde auf und überstreicht (mit bestäubten Händen) eure Gesichter und eure Hände. ALLAH will euch nichts Unangenehmes gebieten, sondern euch nur reinigen und euch Seine Gabe vervollständigen, damit ihr euch dankbar erweist."
(Quran 5 : 6)

Ihr, die den Glauben verinnerlicht habt!
Ab dem Zeitpunkt, an dem man den Islam als seine Religion angenommen hat und vom Herzen den Glauben (arab. Iman) an den einzigen Gott wissentlich bestätigt hat, ist die erste Pflicht eines Muslims, dem Gebet nachzukommen. Um dieses zu dürfen, muss man rituell rein (Tahara) sein.

„Es wird kein Gebet ohne gültige Gebetswaschung und keine Almosen aus Betrug angenommen."
(Sahih Muslim, Hadith Nr. 479)

Wenn ihr zum rituellen Gebet aufstehen wollt, dann wascht (vorher) eure Gesichter, eure Hände und Arme bis zu den Ellenbogen, benetzt eure Köpfe und (wascht) eure Füße bis zu den Knöcheln.

Man benutzt dafür reines, ungefärbtes, sauberes Wasser vom Regen, aus Quellen, Fluss oder dem Meer. Die oben beschriebene Waschung (Wu`du) wird nach der genannten Reihenfolge, von rechts beginnend, dreimal vollzogen.

Der Muslim erneuert diese gerne vor jedem Gebet. Die Gebetswaschung wird ungültig, nachdem man die Notdurft verrichtet hat, fest geschlafen hat, bei Blähungen, Bewusstlosigkeit, Trunkenheit und wenn man Medikamente genommen hat, die die Kontrolle über den Geist beeinträchtigen.

Für Sesshafte ist es nach dem ersten Wu`du erlaubt, sich einen Tag und eine Nacht mit Wasser die Socken zu bestreifen (al mash), für Reisende gilt diese Regelung drei Tage und Nächte.

Und wenn ihr dschunub seid, dann stellt

die rituelle Reinheit wieder her.

„Dschunub" ist die große Unreinheit, nach der man eine Ganzkörperwaschung vor dem Wu`du vollziehen muss. Dieser Zustand tritt nach der Menstruation oder dem Wochenbett auf, dem Geschlechtsverkehr oder einem Samenerguss (feuchter Traum oder Masturbation)

Und wenn ihr krank oder auf Reisen seid, oder von der Notdurft kommt oder eure Frauen (intim) berührt habt und kein Wasser findet, dann sucht reine Erde auf und überstreicht (mit bestäubten Händen) eure Gesichter und eure Hände.

Es kann vorkommen, dass man entweder kein Wasser, zu wenig oder unsauberes Wasser hat. Man vollzieht dann den Tayammum (Die Ersatzabreibung). Dazu benutzt man Sand, Zement oder Steine, die man mit der Hand leicht berührt, danach streicht man mit der rechten Hand über die linke Hand und wischt über sein Gesicht.

Sobald man genug sauberer Wasser hat, ist die Erlaubnis zum Tayammum aufgehoben und die normale Gebetswaschung muss wieder vollzogen werden. Die Gültigkeitsregel des Tayammum ist die gleiche wie beim Wu`du.

ALLAH will euch nichts Unangenehmes gebieten, sondern euch nur reinigen und euch Seine Gabe vervollständigen, damit ihr euch dankbar erweist."

Wenn wir den Wu´du vollzogen haben, fassen wir die Absicht zum Gebet und suchen einen Platz, der sauber ist, in Richtung Qibla zeigt, gucken, welche Uhrzeit wir haben, damit wir wissen, welches Gebet wir beten, dass wir saubere und angemessen Kleidung tragen, die die Aura bedeckt. Frauen ist es untersagt zu beten, wenn sie ihre Menstruation haben oder im Wochenbett[11] sind.

Gott hat zu jedem Pflichtgottesdienst uns einen freiwilligen Gottesdienst geschenkt. Das bedeutet, man kann auch

---

[11] Das ist die Zeit kurz nach der Geburt.

außerhalb der Gebetszeiten beten, oder nach oder vor dem Gebet, Ra˘ka dazu beten. Das Gebet bei Mond- und Sonnenfinsternis, bei Regen, um die richtige Eingabe oder das Gebet zwischen dem Nachtgebet und vor dem Morgengebet.

Die wichtigste Sure, ohne die ein Gebet nicht gültig ist, ist die Alfatiha. Man nennt sie auch die Eröffnende oder die Ausrechende (Al-Kafiya).

„Im Namen Allahs, des Allerbarmers, des Barmherzigen.
Alles Lob gebührt Allah, dem Herrn der Welten,
Dem Allerbarmer, dem Barmherzigen,
Dem Herrscher am Tag des Gerichts.
Dir allein dienen wir und zu Dir allein flehen wir um Hilfe,
Leite uns den geraden Weg,
den Weg derjenigen, denen Du Gunst erwiesen hast, nicht derjenigen, die (Deinen) Zorn erregt haben, und nicht der Irregehenden!"

Als Muslim ist man verpflichtet, 5 Mal am Tag zu beten, das Totengebet zu verrichten und am Freitag zum Gemeinschaftsgebet zu gehen. Frauen dürfen das Freitragsgebet auch zu Hause verrichten, müssen es aber nicht.

Auch ist man verpflichtet zu den Festtagsgebeten zu gehen am Tag von Id ul Fitre, dem Fest des Fastenbrechen und am Tag von Id ul Adha, dem Opferfest. Die ganze Familie nimmt daran Teil.

„Und Ich habe dich erwählt; so höre denn auf das, was offenbart wird. Wahrlich, Ich bin Gott. Es ist kein Gott außer Mir; darum diene Mir und verrichte das Gebet zu Meinem Gedenken."
(Quran 20:13-14)

Die Zakat (Armenabgabe)

Die Armenabgabe ist ein von Gott verpflichteter Gottesdienst, der erst in der medinsischen Zeit den Gläubigen oblag. Allerdings muss die Person mit seiner Habe an die Vermögensgrenze kommen- den Nisaab.

Der Wert des Vermögens wird in Gold umgerechnet als internationales Zahlungs-mittel und ist im Kurs tagesabhängig. Der Nisaab liegt bei 85g Gold.

Ein Gramm Gold hat einen Gegenwert von 36,92€- Datum 14.03.2019. Das bedeutet, dass die Vermögensgrenze bei 3138,20€ liegt pro Person.

„Die Almosen sind für die Armen, die Bedürftigen, diejenigen, die damit beschäftigt sind, diejenigen, deren Herzen vertraut gemacht werden[12]*, (dem Loskauf) von Sklaven, die Verschuldeten, auf Allahs Weg und für den Sohn des Weges, als Verpflichtung von Allah. Allah ist Allwissend und Allweise."*

(Quran 9:60)

Als Muslim ist es erlaubt, einen Muslim zu unterstützen, bei dem es klar ersichtlich

---

[12] Für die Person, die man zum Islam einlädt.

ist, dass er in Not ist und Hilfe braucht. Und diese Leute zu finden, ist gar nicht mal so einfach. Denn ein Bettler, der auf der Straße sitzt und bettelt, der weiß sich zu helfen, aber jemand, der wirklich in Schwierigkeiten steckt, der schweigt. Auch muss man darauf achten, dass man jemanden unterstützt, der sein Leben mit erlaubten Mittel bestreitet. Das bedeutet, man guckt, dass er nicht der Hurerei nachgeht, Alkohol trinkt oder Drogen nimmt. Man kann einem Muslim helfen z.B., der normal arbeitet, aber dessen Lohn nicht ausreicht zum Leben, oder der Schulden hat, die er alleine nicht schafft, abzuzahlen. Wenn man aus Ver-sehen dem Falschen Zakat gegeben hat, muss derjenige, der es erhalten hat, es wieder zurück geben. Auch ist die Zahlung bei einem Nichthilfebedürftigen ungültig. Es ist verboten an Familienangehörige des Propheten, Friede und Segen auf ihn, zu zahlen. Damit ist die Familie Abdul Muttalib und Bani Hashim gemeint.

Das Ziel ist die Reinigung des Vermögens,

den Armen am Leben teilhaben zu lassen und die volkswirtschaftliche Zahlungsfähigkeit zu erhalten. Jeder Muslim wird so in die soziale Verantwortung gezogen, damit er nicht auf arme Leute, Obdachlose oder Wegelagerer herabsieht, sondern versucht einen Weg zu gehen, und sich einmal im Jahr darüber tätlich ausführt, diese zu unterstützen. Denn Zakat zahlt man tatsächlich einmal im Jahr, aus einem Vermögen, das ein Jahr in seinem Besitz war.

Und das nicht nur mit dem Geld, das man verdient hat oder gespart, sondern auch mit landwirtschaftlichen Produkten, Vieh und Gold.

„So verrichtet das Gebet, entrichtet die Abgabe und haltet an Allah fest."
(Quran 22:78)

Das Gebet und auch die Abgabe stehen im Quran sehr oft in einem Satz. Ich möchte daher besonders den Eltern nahelegen, dies auch so zu sagen. Weil

spätestens dann, wenn das Gebet einher geht mit der Abgabe, merkt man, dass einem Kind zu versprechen, etwas zu bekommen für das Gebet, fehl am Platz ist, da es auch lernen soll, abzugeben.
Das Gebet ist ein Gottesdienst, genauso wie die Zakat.

Allah weitet die Versorgung aus für wen Er will, und Er misst sie ab, und sie haben sich über das Leben dieser Welt gefreut, und das Leben dieser Welt ist gegenüber dem Jenseits nur Nutznießung.
(Quran 13:26)

„Kein Vermögen eines Menschen wird durch Sadaqa[13] vermindert! Auch keinem Menschen wird Unrecht zugeführt, und er bleibt dabei standhaft, ohne dass Allah ihm noch mehr Ehre verleiht. Und kein Mensch öffnet eine Tür zum Betteln, ohne dass Allah ihm eine Tür zur Armut öffnet."
(At-tirmidhy)

Man zahlt Zakat für

---

[13] Sadaqa iat ein Synonym für Zakat.

I Viehbestand
(ohne Nutztiere und Futtertiere, weil sie verkauft werden)
- Ab 40- 120 Ziegen /Schafe = ein weibliches Tier

121- 200= zwei Schafe /zwei Ziegen
- Ab 30 - 39 Rindern = ein einjähriger Bulle

40- 59 = eine zweijährige Kuh

Kamele (5 Tiere)= (ab 24 Tiere als Ersatz Schafe)

Die Tiere dürfen nicht krank sein, alt oder behindert. Das Geschlecht muss eingehalten werden. Das Tier muss von mittlerer Qualität sein.

II Zakat für tierische Produkte
- für Honig
- Für Fleisch, Milch, Milchprodukte, Seide, Eier, Leder, Wolle

10% des aktuellen Verkaufswert (Netto)

III Zakat für die Landwirtschaft
„Esst von den Früchten, wenn sie Früchte tragen, dann gebt ihren Pflichtanteil am Tag der Ernte" **(Quran 6:41)**

Für Erträge durch Bodenbestellung und

Ackerbau
ab 653 kg
= 10% (natürliche Bewässerung)
= 5 % (künstliche Bewässerung)
= 7,5% (bei halbjährlicher Bewässerung)
Der Pächter entrichtet Zakat für die Erträge und der Eigentümer für die Pachteinnahmen.

IV Zakat für Lohn, Gehalt und Einnahmen aus selbstständiger Tätigkeit

Nisaab > 85g Gold (Gegenwert)
- Man muss mindestens 1 Jahr lang Besitzer oder Eigentümer mit uneingeschränkter Verfügung sein.
= 2,5% der Gesamteinnahmen

V Zakat auf Bodenschätze (Erdöl, Metalle, Mineralöle)

- Entrichtung nach der Förderung
= 2,5% des Produktes bzw. Des Verkaufswert (wie Gold und Silber)

VI Zakat für Aktien

(Der Handel mit Halalaktien ist erlaubt, da keine Zinsen erzielt werden)

Nisaab > 85g Gold (Gegenwert)
= 2,5% des aktuellen Marktwertes
Bezahlt die AG Zakat, ist sie getilgt.

VIII Zakat auf Wertpapiere (Obligationen, Schuldverschreibungen)

Das ist auf Grund der Zinsen verboten; für die Wertpapiere zahlt man Zakat.
Nisaab > 85g Gold (Gegenwert)
= 2,5% des Nennwertes ohne Zinsen
Zinsen müssen zurück gegeben werden oder an Arme verteilt werden.

IX Zakat auf Immobilien und Grundvermögen

Nisaab > 85g Gold (Gegenwert)
= Grundgewinn und Gesamtgewinn, davon 2,5%

X Zakat für Gold und Silber

„Denjenigen, die Gold und Silber horten und nicht auf Allahs Weg ausgeben, überbringe ich die „frohe Botschaft" einer qualvollen Peinigung, am Tag, an dem Gold und Silber im Feuer von der Hölle erhitzt werden, dann damit ihre

Stirn, ihre Seite und ihre Rücken gebrandmarkt werden. Dies ist, was ihr für euch selbst gehortet habt. Also erfahrt, was ihr gehortet habt. **(Quran 9:34-35)**

Nisaab > 85g Gold (Gegenwert) = 2,5% vom Gesamtbetrag

Nisaab > 595g Silber (Gegenwert)= 2,5% Gesamtbetrag

XI Zakat für Kapitalvermögen

(Barvermögen, Bankguthaben, Ersparnisse etc.)

Nisaab > 85g Gold (Gegenwert) = 2,5% vom Gesamtbetrag

XII Zakat für Schmuck und Dekorationsmittel

Dekorationsmittel aus Gold und Silber sind verboten (haram), aber trotzdem zakatplichtig.

= 2,5% des aktuellen Gold- bzw. Silberwertes

- Goldschmuck für Männer ist verboten, Silberschmuck ist zakatpflichtig
- Frauen dürfen Gold- und Silberschmuck tragen, müssen dafür aber Zakat

bezahlen.
Abgabe wie bei Gold und Silber

Heutzutage zahlen die Muslime am Ende des Ramadan die Zakat. Jedoch darf man die Armenabgabe nicht mit dem Zakat ul fitr verwechseln, welches man im Ramadan in der Moschee abgibt, das von dort aus an Arme verteilt wird. Das Zakat ul fitre besteht aus einer Geldsumme im Wert einer normalen Mahlzeit und wird von dem Familienverantwortlichen für jedes Familienmitglied bezahlt, um die Verfehlungen während des Fasten zu sühnen. Der Betrag ist zwischen 7-8 Euro.

Die fortlaufende Spende (Sadaqa Dschariya)

Es gibt islamische Organisationen[14], die sich um Waisen kümmern. Das bedeutet, sie bauen ein Waisenhaus und versorgen diese dort. Hier kann man Patenschaften

---

[14] Ansaar International e.V.

für ein Kind übernehmen und dadurch den Erhalt der Einrichtung und den Unterhalt sichern.

Auch gibt es in Afrika eine Organisation[15], die Brunnen baut, um die Menschen dort langfristig mit Wasser zu versorgen. Beides ist sehr wertvoll, da nachhaltige Spenden, den Wert der Spende, sei sie auch noch so klein, nicht mindern, sondern stets ihren Teil zum Gemeinwohl beitragen.

In einem weiteren Hadith lehrt der Prophet, dass es **sieben** Taten gibt, dessen Lohn der Gläubige bereits in seinem Grab erhalten wird und dieses für ihn erleuchten:

- Wissen, das er sich aneignet und unter den Menschen verbreitet.
- Rechtschaffene Nachkommen.
- Das Hinterlassen des Qurans
- oder eine Moschee, die er errichtete,
- oder ein Haus, das er für einen Bedürftigen erbaute,
- oder Wasser, das er Bedürftigen

---

[15] Bluesprings Ltd.

zukommen lies,
- oder eine Spende, die er verrichte.

Das Fasten im Monat Ramadan

Der Monat Ramadan ist der 9te Monat im Mondkalender. Da der Mondkalender 10- 11 Tage weniger hat als der Sonnenkalender, fällt der Monat jedes Jahr auf eine andere Zeit im Sonnenkalender. Ein Mondmonat fängt mit dem Erscheinen des Neumondes an. Das bedeutet, um tatsächlich feststellen zu können, ob der Monat begonnen hat, muss es eine Gruppe von Männern geben, die nach ihm schaut. Verantwortlich dafür sehen sich einige Leute aus Mekka, die nach der Sichtung der Welt erklären, dass der Fastenmonat begonnen hat, oder eben nicht.
Wichtig ist aber, dass danach geguckt wird und jeder jedem Bescheid sagt,

wenn es soweit ist. Ein Mondmonat dauert entweder 29 oder 30 Tage, solange wird auch gefastet. Am ersten Tag des Monats findet nach dem Nachtgebet das Tarawihgebet statt. Das ist ein Gebet in der Gemeinschaft, bestehend aus bis zu 20 Raka`, in denen jeden Abend der Quran rezitiert wird mit dem Ziel, ihn einmal durchzulesen. Dieses Gebet in der Moschee zu beten, ist nicht unbedingt Pflicht, denn der Prophet hat dies auch zu Hause gemacht. Eine Frau darf ebenso in der Moschee beten, jedoch ist es zu Hause besser für sie.

Von Aischa, der Ehefrau des Propheten, Allah möge mit ihr zufrieden sein (r.a.), wird überliefert, dass der Prophet, Friede sei auf ihm, im Ramadan das Tarawih-Gebet in der Moschee betete. Einige Gefährten haben sich ihm dann angeschlossen und verrichteten das Gebet gemeinsam hinter ihm. In der darauffolgenden Nacht betete er, und die Leute hinter ihm wurden mehr. In der dritten und vierten Nacht versammelten sich die Leute, aber der Gesandte Allahs, Friede sei auf ihm, ging nicht zu ihnen heraus. Am nächsten Morgen sagte er sinngemäß: „Ich sah, was ihr (gestern) gemacht habt. Was mich aber daran gehindert hat, zu euch hinauszugehen, ist, dass ich fürchtete, dass das Tarawih-Gebet euch zur Pflicht gemacht werden würde."

Abu Hurayra berichtet: Muhammad, Friede und Segen auf ihn:„Wann immer ihr den Neumond (des Monats Ramadan) sichtet, fastet, und wenn ihr den Neumond (des Monats Shawwal) sichtet, hört auf zu fasten, und wenn der Himmel bewölkt ist, dann fastet 30 Tage." **(Muslim)**

„Ihr, die den Iman verinnerlicht habt! Das rituelle Fasten wurde euch geboten, wie es denjenigen vor euch geboten wurde, damit ihr euch ehrfürchtig erweist."
(Quran 2:183)

Als Kind kann man mal probieren zu

fasten. Mein Sohn hat das den ganzen Ramadan probiert, ist aber immer an sich selbst gescheitert. Fasten ist erst Pflicht, wenn man das Pubertätsalter erreicht hat, vorher kann das Körper und Seele nicht aushalten. „Mogeln" bleibt zwischen dem Täter und Allah.

Alte Menschen, sehr kranke Menschen, deren Leben dadurch in Gefahr gerät und Menschen, die geistig nicht gesund sind, können nicht fasten. Dafür können diese aber eine Mahlzeit spenden, an jedem Tag des Fastens oder einen Geldbetrag im Wert einer Mahlzeit.

Frauen, die schwanger sind oder gerade ein Baby bekommen haben und befürchten, ihrem Baby schaden zuzufügen, können das Fasten bis zum nächsten Ramadan nachholen. Während der Menstruation ist das Fasten und das Gebet verboten.

Das Ziel des Fastens ist es aber nicht nur den ganzen Tag von vor dem Frühgebet bis nach dem Abendgebet nicht zu essen und nicht zu trinken. Wichtig ist, sich den verbotenen Dingen zu enthalten, viel zu spenden, schlechtes Benehmen zu vermeiden, Streitigkeiten aus dem Weg zu gehen, Menschen zum Fastenbrechen einzuladen, zu beten, den Quran einmal durchzulesen mindestens. Wir wollen Gott danken und verstehen lernen, was es bedeutet, nichts zu haben.

Es gibt Menschen auf der Welt, die sind so arm, dass sie sich darüber Gedanken machen, ob ihr Fasten angenommen wird, weil sie weder etwas zu Essen haben, um den Suhur einzunehmen noch den Iftar. Das Suhur ist die Mahlzeit vor dem Fastenbeginn, bestehend meistens aus ein paar Datteln oder einem Glas Wasser. Der Iftar ist das Fastenmahl, beginnend mit einer Suppe und großem Gedeck an Salat, Fleisch, Gemüse, Brot und Süßigkeit.

Das Letztere hört sich so übertrieben an wie es ist.

"... und esst und trinkt, aber seid nicht maßlos!- Er (Allah) liebt nicht die Maßlosen"
(Quran 7:31)

Das Ziel beim Fasten ist, es durchzuhalten.

Was bedeutet, dass man nicht heimlich isst, auch wenn es sich lustig anhört und der eine oder andere schon gemacht hat. Wenn man das Fasten nicht gewohnt ist oder man nicht daran denkt, dass man fastet, kann es passieren, dass man aus Versehen isst oder trinkt. Wenn das passiert, fastet man einfach weiter und braucht den Tag nicht nachzuholen.

„Wer aus Vergesslichkeit, während des Fastens, isst oder trinkt, soll seinen Tag zu ende fasten. Denn Allah hat ihm zu essen und zu trinken gegeben." **(Buchary)**

Das Fasten wird aber auch ungültig, wenn onaniert, <u>Geschlechtsverkehr hat</u> oder ein Medikament nimmt, das einen Nährwert hat. Immer dann muss das Fasten nachgeholt werden, noch bevor der nächste Ramadan beginnt.

„Euch ist erlaubt zur Fastenzeit, <u>dass ihr des Nachts bei euren Frauen schlaft</u>. Sie sind ein Kleid für euch und ihr ein Kleid für sie. Gott weiß, dass ihr euch selbst betrogen hattet. Da wandte er sich euch

gütig zu, und er verzieh euch. Doch nun verkehrt mit Ihnen, und strebt nach dem, was euch Gott beschieden hat. Esst und trinkt, bis ihr im Morgengrauen einen weißen von einem schwarzen Faden unterscheiden könnt..."
(Quran 2:178)

Das Fasten wurde erst in der medinensischen Zeit zur Pflicht, vorher hat man nur am Tag von Ashura gefastet. Ashura ist ein Tag, an dem die Muslime zusammen mit den Juden an Moses erinnern, wie er das Meer gespalten hat und so den Bani Israel entkommen ist. Die Muslime fasten an dem Tag, ein Tag davor und danach, während die Juden nur am Tag von Ashura fasten. Ashura ist der zehnte Tag im Monat Muharram, dem ersten Monat im Mondkalender. An diesem Tag ist es üblich eine Süßigkeit mit 7 Köstlichkeiten an die Nachbarn zu verteilen, bestehend aus einer Suppe von Kichererbsen, weißen Bohnen, Datteln, Ashuragrieß, Rosinen, Feigen, Walnüssen, Aprikosen und Granatapfelkernen. Das

Ashurafasten ist ein freiwilliges Fasten.

Bevor man anfängt zu fasten, fasst man die Absicht dazu.
Es gibt Tage, an denen kann man freiwillig fasten. Freiwilliges Fasten kann man unterbrechen, jedoch sollte man den Tag trotzdem nachholen.
Es ist sehr beliebt im Monat Schawaahl, dem 10ten Monat im Mondkalender zu fasten. Dieses Fasten gilt so, als wenn man ein Jahr hindurch gefastet hat, allerdings darf man diese Tage erst fasten, wenn man den ganzen Ramadan geschafft hat zu fasten. Das bedeutet, man fastet die fehlenden Tage von Ramadan nach und nimmt danach die sechs Tage von Schawaahl dazu.
Es ist sehr beliebt die ersten Tage vom Dhul Hidscha zu fasten. Dieser Monat ist der Hadschmonat. Am 9ten Dhul Hidscha ist der Tag von Arafa, an dem Muhammad, Friede und Segen auf ihn, seine Abschiedspredigt hielt. Man nennt ihn auch den Bezeugten Tag. Ein Tag später fängt das Opfertest an, an dem es

verboten ist zu fasten. Das Fest dauert vier Tage.

Auch ist es gut, wenn man im Monat Muharram fastet.

Es ist sehr beliebt, wenn man am Montag und am Donnerstag fastet. Am Freitag ist es nur erlaubt zu fasten, wenn man ein Tag davor fastet und ein Tag danach.

Man kann an den drei weißen Tagen fasten. Das ist Mondmonatsmitte zu Vollmond.

Man darf sich während des Fastens die Zähne putzen, ein Vollbad nehmen, mit Ehepartner Zärtlichkeiten austauschen, Essen kosten, wenn man gekocht hat. Man muss es allerdings wieder ausspucken. Man darf Speichel schlucken.

Wenn man mit dem Ehepartner Geschlechtsverkehr hatte und dadurch im Zustand der großen Unreinheit war, muss man bis spätestens vor dem Morgengebet die Ganzkörperwaschung vollzogen haben. Denn man darf nur beten, wenn man rituell rein ist und den

Wu`du vollzogen hat.

Nicht immer läuft alles nach Plan und es kann passieren, dass man aus Versehen zu spät anfängt zu fasten. Dieser Tag ist ungültig und muss nachgefastet werden. Wenn man am Tag Geschlechtsverkehr hatte, muss man den Tag zu Ende fasten und eine Ersatzleistung erbringen. Im Arabischen nennt man das Fidija oder Kafaara. Das bedeutet, man befreit entweder einen Sklaven, fastet zwei Monate hintereinander, speist 60 Arme oder die Familie mit Datteln. Je nach dem, was eher erfüllt werden kann, muss man machen. Aber es gibt auch Tage, an denen das Fasten verboten ist. Das ist an den Festtagen und ein Tag vor Beginn des Monats Ramadan.

Im Monat Ramadan gibt es zehn besondere Tage. Das sind die letzten Tage des Monats und an einem dieser Tage, der eine ungerade Zahl ist vom Datum, ist die Lail al qadr. Es soll entweder die 27. oder die 29. Nacht sein, jedoch ist es nicht sicher. Man nennt sie die Nacht der Offenbarung oder die Nacht der Bestimmung. In dieser Nacht ist der Quran herabgesandt worden sein und wenn man diese Nacht im Gebet verweilt, erfüllt Gott das Bittgebet.

"Wahrlich, Wir sandten ihn (den Koran) herab in der Nacht der Bestimmung. Weißt du, was die Nacht der Bestimmung ist? Die Nacht der Bestimmung ist Wohl bringender noch als tausend Monate. Die Engel und der Geist kommen in ihr mit der Erlaubnis ihres Herrn für jede mögliche Angelegenheit immer wieder herab. Heil ist sie bis zum Anbruch des Tages."
(Quran 97-1-5)

„Wer im Glauben und den Lohn hierfür von Allah erhoffend die Nacht der Bestimmung begeht, der wird seiner Sünden freigesprochen." **(Buchary)**

In diesen Tagen hat sich der Prophet, Friede und Segen auf ihn, in die Moschee zurückgezogen, viel gebetet, sich keinem unnötigen Gerede hingegeben und Allah gedacht. Man nennt es auf Arabisch „Al Itikaf"- Das sich Zurückziehen. In dieser Zeit besucht man keine Kranken, nimmt keine Einladungen an, bleibt ohne die Familie und nimmt an keiner Beerdigung teil, auch arbeitet man nicht außerhalb der Moschee.

Wenn der Neumond erneut auftaucht, ist der Monat zu Ende und das Fest des Fastenbrechens wird gefeiert. Dieses Fest dauert 3 Tage. Dafür trifft man sich am Morgen des ersten Id-Tages zum Gebet und einer Predigt in der Moschee. Jedes Familienmitglied nimmt daran Teil. Es ist üblich dieses Gebet im Freien zu vollziehen, jedoch geht man dazu in die Moschee. Bis spätestens vor dem Gebet, oder 1-2 Tage vorher, muss das Zakat ul-Fitre abgegeben werden, passiert dies danach, ist es kein Zakat ul-Fitre mehr, sondern eine normale Sadaqa. Für diesen Gebet wird kein Adhan (Gebetsruft) ausgerufen. Nach dem

Gebet hält der Chatib eine Predigt. Es ist üblich an dem Tag sich mit den Worten „Id mubarak"[16] zu gratulieren und den Kindern, Geld und Süßigkeiten zu schenken. Man fährt einen anderen Weg nach Hause, als den, den man gekommen ist nach dem Festgebet. Die Familie besucht sich, isst zusammen und gedenkt den Tagen der Andacht und des Verzichtes, um zu hoffen das nächste Jahr wieder Ramadan erleben zu dürfen.

Die Pilgerfahrt nach Mekka

Um Mekka gibt es viele Geschichten. Der Prophet Muhammad, Friede und Segen auf ihn, ist dort geboren, die Moschee al-Haram steht da und die Kaaba. Safa und AlMarwa sind in die Moschee integriert. Man folgt sozusagen den Fußspuren unseres Propheten und gedenkt Abraham und seinem Sohn Ismael, die die Kaaba gebaut haben.

---

[16] Ein Glückwunsch zum Fest.

Der Prophet besuchte die Mekka ein paar Mal, während seines Lebens, aber die große Pilgerfahrt machte er nur ein Mal, kurz bevor er starb im Monat Dhul Hidscha. Der wichtigste Tage dieser Reise ist der Tag von Arafa, an dem er seine Abschiedspredigt hielt und den Gläubigen seine ihm wichtigen Worte sagte.

Man nennt diesen Tag „Der bezeugte Tag" (jaum al madschud).

„Vollzieht die Pilgerfahrt (Hadsch) und die Besuchsfahrt (Umra) für Allah."
(Quran 2:196)

„Und der Menschen Pflicht gegenüber Allah ist die Pilgerfahrt zum Hause, wer da den Weg zu ihm machen kann."
(Quran 3:97)

Ich befinde mich, als ich diesen Text schreibe nicht in der Zeit von Dhul Hidscha, sondern im siebten Monat des Mondkalenders, dem Monat Radschab. So fasse ich heute die Absicht, die Umra zu vollziehen. Ich werde meine Reise, den Aufenthalt und das Opfertier aus einer erlaubten Quelle bezahlen, mich von meiner Familie verabschieden und voraus schauen, dass sie während meiner Abwesenheit gut versorgt sind; ich werde meine Schulden bezahlen und mein Testament schreiben. Männer müssen für die Umra Ihramkleidung tragen. Das sind zwei Tücher, die man sich um den Oberkörper und die Hüfte bindet. Es ist verboten, Kleidung anzuziehen, deren Stoff eine Naht hat. Als Frau ziehe ich mich normal bedeckt an mit weiten Kleidern, einer Abaya, und einem Hijab. Ich werde zu einer Gruppe gehören, die sich, um in der Menge der Menschen sich nicht zu verlieren, ein gelbes Tuch um den Hals binden wird. Mein ältester Sohn wird mich auf dieser Reise begleiten, da es einer Frau nur erlaubt ist die große Pilgerfahrt oder Besuchsfahrt zu vollziehen, wenn sie einen Mahram bei sich hat. Mahram sind männliche Begleiter aus der Familie, die eine Frau nicht heiraten darf. Ich hätte also auch meinen Vater, meinen Bruder oder Onkel mitnehmen können. Oder er mich!

Bevor ich mich ins Flugzeug setze, oder wir, mache ich die Ganzkörperwaschung mit einer angenehmen wohlriechenden Seife, schneide mir die Fingernägel, rasiere meine Schamhaare und die Achselhaare, danach vollziehe ich den Wu`du. Da die Reise mit dem Flugzeug sehr lange dauert, wiederhole ich den Wu´du, denn ich werde zwischendurch beten, bevor wir in den Heiligen Bezirk der Masjid Al-Haram eintrete. Die Zone nennt man die Ihramzone, in der es für die Pilger verboten ist, sich zu streiten und zu drängeln, sich zu pafümieren, Kleider zu tragen, die Nähte haben, Schuhe zu tragen, die über die Knöchel gehen. Für Frauen ist es verboten einen Gesichtsschleiher und Handschuhe zu tragen, Geschlechtsverkehr ist verboten und die Jagd.

Sobald ich in der Ihramzone bin und im Weihezustand, sage ich sehr leise und nur für mich hörbar die Talbiyah. Mein Sohn spricht sie laut.

„Lab-baikal-laahum-ma lab-baik, lab-baika laa schariika laka lab-baik, In-mal-hamda wan-ni mata laka wa-mulk laa scharika lak"[17]

Als wir in Dschidda ankommen auf dem King Adulaziz International Airport wird mein Gepäck kontrolliert und mein Pilgervisum. Ich musste mir vorher eine Islambesch-einigung ausstellen lassen, da man Mekka nur als Muslim betreten darf. Ich darf mich mit meinem Pilgervisum nur in Medina und Mekka aufhalten, aber das reicht mir, denn ich werde zwischen den beiden Orten noch den Berg von Uhud besuchen. Aber dazu später Genaueres.

Unsere Gruppe nimmt den Bus und wir fahren in eines der Hotels nahe der Kaaba, den Mecca Royal Clock Tower Hotel, von wo aus ich diese direkt sehen kann. Auf dem Hotelturm befindet sich

---

[17] Ich befolge (Deinen Ruf), Allah! Ich befolge (ihn); ich befolge (Deinen Ruf), der keinen Partner hat, ich befolge (Deinen Ruf). Aller Lobpreis und alle Wohltaten gehören Dir, sowie die Macht. Du hast keinen Partner! **(Buchary, Muslim)**

die größte Uhr der Welt mit einem Durchmesser von 43 Metern, auf dem die Ziffern mit LED-Leuchten leuchten, so dass man in einer Entfernung von 8 Kilometern noch die Zeit ablesen kann. Der Turm ist bis zur Spitze 601 m hoch und auf jeder Seite des Turms befindet sich eine Uhr. Ganz oben befindet sich ein goldener Halbmond mit einem Gebetsraum für VIP`s.

Unser Hotelzimmer ist sehr hübsch und komfortabel eingerichtet, jedoch interessiert mich nur eins. Unser Zimmer ist in der 20ten Etage und ich kann, wenn ich aus dem Fenster sehe, direkt auf den Innenhof der Masjid Al-Haram schauen und die Kaaba sehen. Ich bin sehr Nahe, doch trotzdem noch so weit weg, dass ich das Gefühl habe, mich in einem Film zu sehen oder Teil einer Promenade zu sein, die sich für mich anfühlt, als wäre ich in einem Kino oder säße vor meinem Computer, um mir Bilder der Kaaba zu suchen und diese zu bestaunen.

Ich gehe mich waschen, vollziehe den Wu´du. Ich bin etwas hungrig und müde, jedoch habe ich nur ein Ziel. Es ist das Ziel mich mit meinen Begleitern und besonders mit meinem Sohn aufzumachen, um den ersten Tawaaf (die Umrundung der Kaaba) zu vollziehen. Ich möchte den schwarzen Stein sehen, ihn berühren.

Die Moschee hat 9 Minarette mit einer Höhe von 89 Metern. Es können 820.000 Menschen darin beten. Als wir im Innenhof der Masjid al-Haram betreten, suche ich den schwarzen Stein, um von da an beginnend die Kaaba gegen den Uhrzeigersinn, sieben Mal zu umkreisen.[18] Ich gehe normalen Schrittes und genieße mein Hiersein. Mein Sohn geht die ersten drei Runden im schnellen Schritt, danach läuft er wieder normal.

Diese Moschee ist die Einzige, in der Frauen und Männer gemeinsam beten. Den Tawaaf werde ich nur unterbrechen, wenn der Adhan zum Gebet ruft, auch den siebenmaligen Gang zwischen Al-

---

[18] Für Frauen, die menstruieren, ist der Tawaaf nicht erlaubt. Er muss aber nachgeholt werden, sobald die Frau wieder „rein" ist.

Safa (der Start des Gangs) und Al Marwa werde ich nur unterbrechen, wenn zwischendurch die Gebetszeit anbricht. Währenddessen sage ich auf Arabisch: „Es gibt keinen Gott außer Allah. Er ist einzig und hat keinen Partner. Ihm gehört die Herrschaft und das Lob und Er ist über alles allmächtig. Es gibt keinen Gott, außer Allah. Er ist einzig. Er hat Sein versprechen gehalten und Seinen Diener zum Sieg verholfen und die Alliierten alleine besiegt." **(Buchary, Muslim)**

Nach all dem werde ich Zamzam-Wasser trinken. Mein Sohn wird sich zum Schluss die Kopfhaare rasieren. Da ich eine Frau bin, brauche ich das nicht zu machen. Für Frauen ist es verboten, sich eine Glatze zu rasieren.

Mit diesen Handlungen habe ich die Umra, den Besuch der Kaaba, schon erledigt.

„Die Umra-Pilgerfahrt ist eine Sühne (für die Vergehen in der Zeit) bis zur nächsten Pilgerfahrt." **(Buchary, Muslim)**

Zu einer Hadsch, großen Pilgerfahrt,

gehört noch etwas mehr.

Am 8ten Dhul Hidscha werde ich nach Mina fahren, in die große Zeltstadt, wo mir die Pilgerriten erklärt werden. Ich muss wieder in den Ihram-Zustand, dem Weihezustand. Ich verrichte dort das Mittags,- Nachmittags,- Abend- und Nachgebet und übernachte dort.

Am 9ten Dhul Hidscha ist der Tag von Arafa, der wichtigste Tag der Hadsch, denn an diesem Tag hielt der Prophet seine Abschriedrsrede dort im Jahr 632 n.Chr. , nach der er zwei Monate später verstarb. Das Frühgebet betet man in Mina und begibt sich nach Sonnenaufgang nach Arafa. Auf dem Weg dorthin spricht man die Talbiya, macht Bittgebete und das Takbirat (Allahu Akbar). Bevor ich in Arafa eintrete, vollziehe ich eine Ganzkörperwaschung, wenn möglich.

Nach Sonnenuntergang des 9ten Dhul Hidscha verlasse ich Arafa in Richtung Muzdalifah. All das in Begleitung der Talbiya, Bittgebeten und Takbirat. Hier verrichte ist das Abend- und das

Nachgebet in verkürzter Form und übernachte dort. Das Frühgebet bete ich am Anfang der Gebetszeit und verlasse Muzdalifah in Richtung Mina.

Der 10te Dhul Hidschah ist der Tag des Opferns.

„Und die Opferkamele haben Wir euch zu Kultzeichen Allahs gemacht. An ihnen habt ihr (etwas) Gutes. So sprecht den Namen Allahs über sie aus, wenn sie mit gebundenen Beinen dastehen. Wenn sie nun auf die Seite umgefallen sind, dann esst davon und gebt dem bescheidenen und dem fordernden (Armen) zu essen. So haben Wir sie euch dienstbar gemacht, auf daß ihr dankbar sein möget. Weder ihr Fleisch noch ihr Blut werden Allah erreichen, aber Ihn erreicht die Gottesfurcht von euch. So hat Er sie euch dienstbar gemacht, damit ihr Allah als den Größten preist, dass Er euch rechtgeleitet hat. Und verkünde frohe Botschaft den Gutes Tuenden."
(Quran 22:36-37)

Der die Umra vollzogen hat, schlachtet in

Al Marwa, der die Hadsch vollzogen hat, schlachtet in Mina.

Ich werde die drei großen Dschamrat-Mauern mit Steinen bewerfen, ein Opfertier schlachten und mir die Kopfhaare rasieren. Je nach dem, welche Hadsch ich gewählt habe, mache ich einen Tawaaf entweder mit oder ohne Lauf zwischen Safa und Marwa. Nach dem Tawaaf bete ich zwei Raka` und trinke etwas Zamzam-Wasser. Wenn ich alle vier Dinge durchgeführt habe, kann ich aus dem Weihezustand treten. Das bedeutet, dass die mir verbotenen Dinge während der Hadsch, mir wieder erlaubt sind.

Sollte ich bis zum 11ten bis 13ten Dhul Hidschah bleiben, verrichte ich weitere Hadschriten in normaler Kleidung. Das bedeutet, ich werde an jedem dieser Tage die drei Dschamaratmauer bewerfen. Erst die Kleine, dann die Mittlere und als letztes die Große.

Zum Schluss besuche ich noch ein Mal die Kaaba und vollziehe dort die

Umrariten.

Die Hadsch wird ungültig, wenn man während der Hadschtage Geschlechtsverkehr hat. Ich muss die Hadsch bis zu Ende machen und zum Schluss ein Kamel schlachten. Nächstes Jahr muss ich die Hadsch wiederholen.

Da der Tag von Arafa der wichtigste Tag der Hadsch ist, gilt sie, wenn ich diesen Tag zwischen Mittag des 9ten und am Morgen des 10ten Dhul Hidscha nicht dort war, als versäumt. Ich muss den Ihramzustand beenden und die Hadsch im nächsten Jahr wiederholen. Das gilt für die Pflichthadsch.

Man darf, wenn man die Pflichthadsch schon einmal gemacht hat, sie für jemanden in Vertretung machen, der krank ist oder gestorben.

Orte der Geschichte

Das Tal Muhassir befindet sich zwischen Muzdalifah und Mina. Hier hat sich die Geschichte mit Abraha abgespielt, als er die Kaaba mit Elefanten angreifen wollte, um diese zu zerstören.

Die drei Dschamarat-Mauern. Das ist der Ort, der an Abraham erinnern soll, wie er den Teufel mit Steinen bewarf, als er ihn von den Hadschriten abhalten wollte. An jeder Mauer erschien ihm der Teufel und an jeder Mauer vertrieb er ihn durch das Bewerfen mit sieben Steinchen.

Al bat haa. Das ist ein Stadtteil von Mekka. Al ghazaah und Sunuqul-lail.
Hier hielten sich die Muslime auf der Familie Bani Haschim und Bani Aldul Mutalib, als man sie in den Jahren von 616 bis 619 n.Chr. mit einem Boykott belegte, den man an die Kaaba heftete, nicht mit ihnen Handel treiben zu dürfen und sie zu heiraten. Die Mekkaner waren ohnmächtig der Entscheidung von König Nadschaschi, diese in Abessinien aufzunehmen, als die Mekkaner

versuchten die Ausbreitung des Islam mit Schikanen und Folterungen zu verhindern und verhängten daher der Boykott.
Fünf Männer von den Quraisch taten sich schließlich zusammen, um den Boykott zu beenden. Die Urkunde wurde inzwischen von Termiten zerfressen, was den Vertrag ungültig machte. Das Einzige, was von ihm übrig blieb, war ein Papierfetzen mit den Worten: "Bismika Allahumma"
(In Deinem Namen, O Allah).

Weiter Besuche
Der Berg von Uhud

Der Berg Uhud ist in der Nähe von Medina. Hier hat eine wichtige Schlacht statt-gefunden.

Nach der Niederlage von Badr begehrten die Quraisch im Jahr 625 n.Chr. erneut einen Angriff auf Medina. Die Frauen sollten mit in den Kampf ziehen.
Hind war mit dabei, um ihren in Badr getöteten Vater, zu rächen. Sie beauftragte Wahschi, einen abes-sinischen Krieger und Sklaven, Hamza umzubringen. Sie versprach ihm Freiheit und reichen Lohn.
Al Abbas Ibn Abdul Muttalib, der Onkel Muhammads, Friede und Segen auf ihn, schrieb einen Brief an Muhammad, Friede und Segen auf ihn, um ihm von dem Plan und der Gegnerzahl zu unterrichten.

Muhammad, Friede und Segen auf ihn, verließ als dann mit einer Armee von tausend Mann Medina (die Schlacht von Uhud; arab. Ghazwat Uhud). Sie übernachteten beim Berg "Uhud". Abdullah Ibn Salul, einer der Heuchler (arab. Munafik), zog Muhammad, Friede und Segen auf ihn, dreihundert Mann ab, um Unruhe zu stiften. Muhammad, Friede und Segen auf ihn, stellte fünfzig Schützen auf den Hang (Dschabal Al Rumah) und befahl ihnen erst zu kommen, wenn er sie um Hilfe rief.

Der Kampf begann.
Einige Gegner der Muslime trugen Banner. Es waren Todesbinden. Sie symbolisierten den Kampf ohne Aufgabe bis zum Tode. Abu Dudschana, ein Muslim, traf auf Hind. Ihm war aber ein Schlag auf eine Frau zu wider. Er erklärte, dass ein Schwert zu edel sei, um damit eine Frau zu töten.
Wahschi fand Hamza und schleuderte ihm von weitem einen Speer in den Unterleib. So starb Hamza "Der Löwe Allahs und Seines Gesandten" als "Der Herr der Märtyrer" in der Schlacht von Uhud. Hamza galt als einer der tapfersten Krieger.

Als die Muslime die Bannerträger getötet hatten, verließen die Mekkaner das Schlachtfeld. Dreitausend Reiter der Quraisch wurden bei dieser Schlacht von den Muslimen gesprengt.

Als die Männer auf dem Hügel das sahen, verließen sie ihren Stand, um aus Habgier nach der Beute zu greifen. Die Quraisch merkten dies und der Kampf begann erneut.

Muhammad, Friede und Segen auf ihn, wurde durch einen Stein verletzt und brach sich einen Schneidezahn ab. Er stürzte zu Boden. So breitete sich das Gerücht über seinen Tod aus.

Abu Bakr, Mus`ab Ibn Umair, Ali, Abu Dudschana, Saad Ibn Abi Waqqas und Umm Emara kämpften sich zu Muhammad, Friede und Segen auf ihn, vor. Mus ab Ibn Umair, der bereits den Beinamen "Al Chair" (der Vorzügliche) hatte, wurde als Bannerträger des Propheten getötet und starb ebenfalls als Märtyrer.

Abu Sufyan erklärte, dass es

Verstümmelungen an den getöteten Muslimen gab. „Im nächsten Jahr ist der Treffpunkt in Badr", sagte er.

So fand Muhammad, Friede und Segen auf ihn, seinen Onkel Hamza getötet und mit offenem Bauch auf dem Schlachtfeld.

Hind hatte ihm die Leber herausgeschnitten, sie gekaut und ausgespien.

Gott entsandte für Muhammad, Friede und Segen auf ihn, dazu Koranverse, der ihn sehr beruhigte:

„Wenn ihr straft, so straft im gleichen Maße, mit dem ihr gestraft wurdet; und wenn ihr Geduld zeigt, so ist dies besser für die Geduldigen. Und gedulde dich und deine Geduld kommt nur von Allah, und betrüb dich nicht über sie und seid nicht bedrückt obdessen, was sie aushecken."
(Quran 16:126-127)

Es sind 70 Muslime als Märtyrer gefallen, sowohl Auswanderer als auch Helfer; und 22 Ungläubige der Kämpfer der Quraisch wurden getötet.

Die Kamelfarm

Ich hab schon oft Bilder und Filme gesehen, wo sich die Pilger, während ihrer Besuchszeit sich auf einen Kamelfarm begeben, um dort Kamelmilch mit Kamelurin zu trinken.

Die Kamelmich soll wie Kuhmilch schmecken, nur mit dem Unterschied, dass sie die dreifache Menge an Vitaminen hat. Sie soll sich positiv auf die Haut auswirken und wird daher für Cremes und Seifen benutzt. Das soll bei Juckreiz und Neurodermitis helfen. Ein Kamel gibt normalerweise 1,5 - 3 Liter Milch ab. In professionellen Farmen

kommen die Kamelstuten aber auf 15 Liter. Zuerst trinkt das Kälbchen, danach kommt die Melkmaschine und den Rest bekommt wieder das Kälbchen.
<u>Kamelurin</u> ist ein Heilmittel gegen Hepatitis und Herz-Kreislauferkrankungen. Kamelurin ist außerdem auch in der Lage, das Wachstum von Krebszellen einzugrenzen.

Wenn man von Deutschland aus Kamelmilch bestellen will, kosten 6 x 235 ml, 22,90€.

Kamele sind auch wichtig in der Biografie des Propheten.
Seiner ersten Frau Chadidscha schenkte er als Brautgabe (Mahr) 20 Kamele.

Die Kamelstute Qaswa suchte den Platz für den Bau der Moschee aus, als Abu Bakr und Muhammad, Friede und Segen auf ihn, in Medina ankamen:
Es war das Jahr 622 n. Chr. als Muhammad, Friede und Segen auf ihn, und Abu Bakr in Yathrib ankamen. Die

Bewohner erwar-teten beide mit großer Freude. Von nun an nannte man Yathrib nur noch Medina – die Stadt des Propheten.

Um nun den Standort einer Moschee zu ermitteln, gab Muhammad, Friede und Segen auf ihn, dafür den Sitzplatz seiner Kamelstute Qaswaa an und kaufte das Grundstück von zwei Waisenkindern ab. Er beteiligte sich selbst am Bau. Es war seine Moschee und man nannte sie "Die Moschee des Propheten". Neben dran wohnte er gleich.

Nachwort

Ich hoffe, ich habe es geschafft, den Kindern und auch den Eltern einen kleinen Wink oder Zugang zu geben, um islamische Themen leicht zu begreifen und auch auf Glaubenangelegenheiten und Gottesdienste eine Antwort zu haben.

Möge Allah von mir annehmen und euch eine spannende Zeit mit diesem Buch zum Verweil geben.

Und Wir haben den Qur'ān ja leicht zum Bedenken gemacht.
Aber gibt es jemanden, der bedenkt?
(Quran 54:17)

„Und sprich: Mein Herr, mehre mein Wissen!"
(Quran 20: 114)

Andrea Mohamed Hamroune

Quellenachweis

Die Sira: Das Leben des Propheten Muhammad
von Andrea Mohamed Hamroune
ISBN: 978-3-7412-4005-8

Islamisches Grundwissen
von Andrea Mohamed Hamroun
ISBN: 978-3-7460-6777-3

Der Quran
Scheich Abdullah as-Samit Frank Bubenheim

Fiqhul- ibaadaat
Islamisches Institut
ISBN: 978-3-902741-01-1

Die Bilder

Seite 21, Gebetsraum,
pixaby
Seite 24, Die Kaaba,
123rf, hikren
Seite 44, Die Moschee des Prophten
123rf, hikren
Seite 48, Die Al Aqsa Moschee,
123rf, Alex Postovski
Seite 132, Der Berg von Uhud,
pixabay
Seite 137, Die Kamele
123rf,

Bitte schauen Sie auch auf die
Homepage des Verlages:

www.assira-verlag.de